财务管理与业财一体化发展研究

朱 爽 ◎ 著

经济日报 出版社

北 京

图书在版编目（CIP）数据

财务管理与业财一体化发展研究 / 朱爽著 . -- 北京：
经济日报出版社 , 2024. 11. -- ISBN 978-7-5196-1530
-7

Ⅰ . F275

中国国家版本馆 CIP 数据核字第 2024RH8718 号

财务管理与业财一体化发展研究

CAIWU GUANLI YU YECAI YITIHUA FAZHAN YANJIU

朱　爽　主　编

出　　　版：经济日报出版社

地　　　址：北京市西城区白纸坊东街 2 号院 6 号楼 710（邮编 100054）

经　　　销：全国新华书店

印　　　刷：廊坊市海涛印刷有限公司

开　　　本：710mm×1000mm　1/16

印　　　张：11.25

字　　　数：200 千字

版　　　次：2024 年 11 月第 1 版

印　　　次：2025 年 1 月第 1 次印刷

定　　　价：68.00 元

前　言

随着市场经济的不断发展，企业在日常经营中遇到的问题也日益增多，面临着成本上升、竞争激烈等多重困境，企业必须着力提高运营效率和质量，通过更快的速度、更低的成本、更新的技术和更强的管理来维系客户群体关系，提高企业竞争力。企业对管理模式进行改革和升级、实现协同管理和精细化管理成为必然，而这都离不开企业财务工作的支持。面对全球化的浪潮，相互分离的业务财务信息系统已经无法满足当前经营管理的需要。对于企业管理者而言，应该更多地关注体现企业运营状态的业务财务信息，进一步推动企业财务部门为业务活动提供数据分析和决策支持。企业内部需要有一个高效科学的业务财务信息管理系统。业财融合不仅有利于企业实现精细化管理和战略转型的目标，还可以为管理决策提供重要支持，有助于提高企业的经济效益。

《财务管理与业财一体化发展研究》是一部深入探讨财务管理领域与业务集成发展的书籍。本书首先对财务管理进行基本解读，明确其目标、原则和程序，并分析其所处的环境。随后，系统性地探讨了财务筹资与投资管理，讨论了财务收益分配与营运资金管理，在财务全面预算与控制方面，介绍了全面预算的编制方法和控制机制。着重分析了数字化转型中业财融合的桥梁作用、技术工具以及组织行为与文化保障。详细论述了业财一体化赋能、财务集成实现共享的原理及服务模式。本书旨在为财务管理专业人士提供全面、深入的理论与实践指导。

随着经济发展快速，企业财务管理理论与实践日新月异，加之时间紧迫，水平有限，书中难免有不当之处，恳请读者批评指正。

作者

2024年8月

目　录

第一章　财务管理概述

第一节　财务管理的基本含义

一、基础性概念

（一）资金

资金是国民经济中各种财产物资价值的货币表现。在商品经济条件下，社会产品是使用价值和价值的统一体，社会再生产过程也表现为使用价值的生产交换过程和价值的形成实现过程的统一。在这个过程中，劳动者将生产中消耗的生产资料价值转移到产品中去，并创造出新的价值，通过商品销售，转移的价值和新创造的价值得以实现。在社会再生产过程中，资金的实质是再生产过程中运动的价值。国民经济体系中社会资金可分为两个基本大类，即本金和基金。本金是各类经济组织和社会公众为生产经营活动而垫支的资金，具有增值性和周转性的特征，其经营主体是财务主体，以追求经济效益最大化为目标；基金主要指国家行政组织和非企业化的事业单位为实现其社会职能而筹集和运用的公共资金，具有一次收支性和无偿性的特征，其行为主体是财政主体，即各级财政部门，以追求社会价值最大化为目标。为了遵循传统，如不特别说明，本书后文所讲的资金都是指本金。

（二）资本

资本是资金的来源。资本是指所有者投入生产经营，能产生效益的资金。也可以这样认为：资本是被事先垫支的，能够在运动中不断增值的资金。垫支意味着公司经营活动需要事先投入才能正常进行，同时所投入的资金本身不会随着生产经营中的物质消耗而损耗，而是按照消耗的多少转入成本费用，并随着公司收入的取得而得以收回。这意味着公司在生产经营之前或生产经营过程中需要向相关利益主体融通资金，从股东方面取得的就是权益资本，从债权人方面取得的就是债务资本，资金来源表明了公司的权益关系。

资本具有双重属性，即自然属性和社会属性。资本的自然属性包括稀缺性、增值性、垫支性，稀缺性是资本的外在属性，增值性是资本的内在属性，垫支性是资本的运行特性；资本的社会属性则是指资本所反映的所有权关系或债权债务关系。

（三）资产

资产是指由过去的交易或事项形成并由公司拥有或控制的资源，该资源预期会给公司带来经济利益。实际上，资产就是资本运用的结果，是资本的特定对象物。公司运用取得的资本就会形成相应的为公司所控制的各种形态的资产，如流动资产、固定资产、无形资产等，这些资产构成了资本的对应物。随着公司对货币资产的使用，资本价值由货币形态转化为实物形态，之后又通过产品的销售、货款的收回还原为货币形态。资产是具有经济价值的经济资源，因为它能够带来未来的经济利益。公司财务所界定的资产具有以下特征。

1.收益性

资产能够给公司带来未来的经济利益，这种经济利益最终表现为能够给资产持有者带来现金流入。收益性是对资产最本质的要求，只有具备获取收益能力的资源才能称为资产；不能带来经济利益的、过去的交易或事项所形成的资源，则不能称为资产。正是因为资产具有收益能力，所以才具有经济价值。

2.效用性

资产总是具有一定的用途，能够为持有者所利用。资产的效用性包括两个方面的内涵：①资产自然属性方面的有用性。资产具有一定的使用价值，可以作为公司的劳动对象或劳动手段，或者成为公司生产经营的条件。②资产经济属性方面的有用性。通过对资产的运用，可以为公司带来新的使用价值，以及经济价值的增值。

3.权利性

资产持有者能够凭借其对资产的权利而获得相应的经济利益。资产存在的形态包括物质形态和非物质形态。物质形态的资产（如机器、设备等）是人们看得见、摸得着的；非物质形态的资产（如应收账款、有价证券、无形资产等），其本身不具备物质形态，只是以"权利"的形态存在。资产持有者之所以能够获取经济利益，是因为其拥有了依附在资产上的一系列权利，如对资产的占有、使用、处置等权利，能够凭借这些权利给公司带来未来的现金流入。资产效用性是资产收益性的前提，而取得资产的财产权利则是资产效用性的前提。所以，公司财务中认定资产内涵的依据不是其物质形态，而是资产的权利拥有。

4.可控性

可控性是指资产能够为持有者所控制。可控性是资产权利性的进一步延伸，归纳起来就是对资产的时间控制管理权。资产持有者凭借其对资产的控制权，能够支配资产的运行和转换过程，对资产进行具体的运用和管理，以获取资产的经济利益。

资金、资本和资产是一组既相互联系又相互区别的概念。资金、资本与资产描述和反映了公司再生产过程中的价值运动。资金是价值的一般形态，资本是资金的来源，资产是资金的占用。公司资金来源等于资金占用，即资产=资本=债务资本+权益资本。公司财务把资本作为研究对象：一是研究资本运动，即如何合理配置和有效使用公司资金；二是研究资本运动反映的财务关系，即合理设计财务制度和管理机制，妥善处理和协调各相关利益主体的经济关系。

二、公司财务活动

公司财务活动一般是指公司从事的与资本运动有关的业务活动。

公司从事生产经营活动的主要目的是寻求发展、谋求自身价值的增长，进而满足各相关利益主体的需求。因此，必须把筹集到的资本投放到有利的生产经营过程中去。资本在生产经营过程中得到增值后，将收回的原始投入资本和增值后留归公司使用的那部分利润重新投放到生产经营过程中去，同时将增值的另一部分利润分配给公司的利益相关者。按照这一过程，资本反复地运行，形成了公司的资本运动。资本运动就是从货币计量这个角度反映生产经营过程中价值变化的各个方面。公司从事资本运动中的各项经济活动，构成了公司财务活动。一般地讲，公司财务活动包括筹资活动、投资活动、经营活动和利润分配活动。

（一）公司筹资引起的财务活动

公司要从事生产经营活动，首先要筹集一定数量的资本。公司可以通过发行股票、发行债券、向银行借款、吸收直接投资等方式筹集资本，表现为公司资本的流入。公司偿还银行借款、支付利息、支付股利、支付借款手续费等各种筹资费用，则表现为公司资本的流出。这种由于资本的筹集和使用而产生的资本流入与流出，便构成了公司筹资引起的财务活动。

公司在筹资过程中要解决的问题是如何取得公司所需要的资金，包括向谁、在什么时候、筹集多少资金。一方面，要保证筹集到的资金能够满足公司生产经营和投资的需要；另一方面，要合理安排筹集结构，降低筹资成本和风险，提高公司价值。公司通过筹资形成两种不同性质的资金来源：一是权益资本；二是债务资本。

（二）公司投资引起的财务活动

公司筹集资本的目的是把资本用于生产经营活动以取得盈利，不断增加公司财富。公司把筹集到的资本投资于公司内部，主要是用于购置固定资产、无形资产等；公司对外投资主要是用于购买其他公司的股票、债券，与其他公司联营投资等。无论是公司购买生产经营所需的各种资产，还是购买各种有价证券，均表现为公司资本的流出。当公司变卖其对内投资的各种资产或收回对外投资的本金和收益时，则表现为公司资本的流入。这种由于公司投资而产生的资本流入与流出，便构成了公司投资引起的财务活动。

公司在投资过程中，一方面需要将有限的资金投放到能够为公司带来最大价值的项目上；另一方面需要选择合理的投资方式和投资结构，以降低投资成本和投资风险，提高投资效益。

（三）公司经营引起的财务活动

公司在生产经营过程中会产生一系列的资本流入与流出。首先，公司要购买商品和材料，以便从事生产和销售活动，同时还要支付人员工资和其他营业费用；其次，公司将产品（或商品）销售之后，产生公司资本的流入；最后，如果公司现有资本不能满足生产经营的需要，可以采取短期借款的方式筹集所需资本。为满足公司日常生产经营活动需要而垫支的资金称为营运资金。上述由于生产经营活动而产生的资本流入与流出，便构成了公司经营活动引起的财务活动。

在公司营运资金活动中主要涉及流动资产和流动负债的管理。公司营运资本在公司全部资本中占有相当大的比重，而且周转期短、形态易变。营运资本管理是公司财务管理工作中的一项重要内容。公司应当重视营运资本的合理配置，权衡风险与收益，加速营运资本周转，提高营运资本的利用效率。

（四）公司利润分配引起的财务活动

公司在生产经营过程中实现的收益应当按照规定的程序进行分配。首先，依法纳税；其次，用来弥补亏损，提取法定公积金；最后，向股东分配股利。这种因分配而产生的资本流动属于利润分配引起的财务活动。

公司财务活动的四个方面不是相互割裂、互不相关的，而是相互联系、相互依存的。正是上述相互联系又有一定区别的四个方面构成了完整的财务管理活动，这四个方面便构成了财务管理的基本内容：筹资管理、投资管理、营运资本管理、股利分配管理。

三、财务管理的内容及特点

公司财务是公司再生产过程中客观存在的资本运动及其所体现的经济利益关系。财务管理是基于公司再生产过程中客观存在的财务活动和财务关系而产生的，是公司根据资本运动规律，结合资本所有者和国家的要求，正确组织财务活动、处理财务关系的各项经济工作的总称。

（一）财务管理的内容

总体来讲，财务管理的主要内容包括筹资管理、投资管理、营运资本管理和股利分配管理。

1.筹资管理

筹资管理就是公司为获取生产经营所需资本而发生的一系列管理行为。公司要开展生产经营活动，必须以占有或能够支配一定数量的资本为前提。也就是说，公司要进行筹资，这是资本运动的起点，是投资的必要前提。所谓筹资，是指公司为了满足用资的需要，筹措和集中所需资金的过程。在筹资过程中，公司要正确确定筹资数量，合理选择筹资渠道、方式及时机，正确运用负债经营，以降低成本与风险，提高企业价值。

公司筹资按其性质可以分为权益资本筹资和债务资本筹资。权益资本是指公司股东提供的资本。权益资本在公司经营期间不需要归还，筹资风险较低，但股东预期报酬较高，增加了公司使用的资本成本。权益资本的筹集途径一般包括吸收直接投资、发行股票和留存收益。债务资本是指债权人提供的资本。债务资本有固定的还本付息时间，具有一定的筹资风险，但其要求的报酬通常低于权益资本。债务资本的筹集途径一般包括银行借款、发行债券、融资租赁和商业信用等。

公司筹资按其期限长短可以分为长期资本筹资和短期资本筹资。长期资本是指公司可以长期使用的资本，包括长期负债和权益资本。长期负债在短期内不用考虑归还问题，而权益资本则不需要归还，因此，公司均可以长期使用。短期资本是指一年内需要归还的短期借款。一般来说，短期资本的筹集应主要解决公司临时性资本需要。例如，在生产经营的旺季需要的资本较多，可以借入短期借款，在生产经营的淡季则可以安排归还。

2.投资管理

投资是指公司为了获得未来收益而进行的资本投放活动。投资管理是指针对公司如何进行资本投放所产生的一系列管理行为。投资管理主要研究和解决公司应该投资什么样的资产，投资规模多大，什么时候投资，并在对风险与收益进行权衡的基础上做出投资选择。

公司投资按其投资方式的不同可以分为直接投资和间接投资。直接投资是指公司把资本直接投放于生产经营性资产上，以便获取利润的投资，如购置设备、兴建厂房、开办商店等。间接投资又称为证券投资，是指公司把资本投放于金融性资产上，以便获取利息、股利以及资本利得的投资，如购买政府公债、公司债券和股票等。

公司投资按其影响期限长短可以分为长期投资和短期投资。长期投资是指公司在一年以上才能收回的投资，如购买设备、兴建厂房以及购买期限在一年以上的股票和债券等。其中，购买期限在一年以上的股票和债券在公司需要货币资本时相对容易变现，而用于公司经营性固定资产的投资则难以变现，所以，有时长期投资专指经营性固定资产投资。短期投资是指公司能够并且准备在一年以内收回的投资，如公司的应收账款、存货、短期交易性金融资产等。其投资特点是投资额较小，投资回收期较短，投资报酬率较低。

3.营运资本管理

营运资本管理是指公司针对流动资产和流动负债所发生的一系列管理行为。营运资本管理分为营运资本投资管理和营运资本筹资管理。营运资本投资管理主要是制定营运资本投资政策，决定用于应收账款和存货的资本规模，决定保留多少现金以备支付的需要。营运资本筹资管理主要是制定营运资本筹资政策，包括公司决定向谁借入短期资本，借入多少短期资本，是否采用赊购的筹资政策，等等。

4.股利分配管理

股利分配管理是指公司对税后利润进行分配所发生的一系列管理行为。股利分配是指确认在公司获取的税后利润中有多少作为股利分配给股东，有多少留存在公司内部作为再投资。过高的股利支付率会影响公司的再投资能力，使未来收益减少，造成股价下跌；过低的股利支付率则会引起股东的不满，进而抛售股票，导致股价下跌。

公司股利政策的制定受多种因素的影响，包括税法对股利和出售股票收益的不同处理、公司未来的投资机会、各种资本来源、机会成本、股东对当期收入和未来收入的相对偏好等，公司必须根据具体情况制定自身的最佳股利政策。

（二）财务管理的特点

生产经营活动的复杂性决定了公司管理的多样性。从大的方面来讲，公司管理包括对人的管理、对物的管理、对信息的管理、对资金的管理（财务管理）等。公司的各项管理工作是相互联系的，同时又有各自的分工与特点。财务管理侧重于公司价值管理，根据资本在公司中的运动规律，通过对公司筹资、投资、日常经营及股利分配等各种财务活动的管理，使公司价值达到最大。财务管理与公司其他管理相比有其自身的特点，主要表现在以下三个方面。

1.涉及面广

在公司生产经营的各个方面，从供应、生产、销售到人事、行政、技术等各部门的业务活动都伴随着资本的收支，与资本运动密切相关。因此，财务管理工作必然要延伸到公司的各个方面。正是基于财务管理的这一特点，公司在处理财务管理工作时要考虑自身经营管理的方方面面。

2.灵敏度高

财务管理是用价值形式反映企业生产经营过程中的财务信息。公司的财务状况是经常变动的，具有很强的灵敏性。公司各种经营行为、经营决策的发生会在财务状况中及时反映出来。比如：成品资金过多，说明企业产品不对路；资金周转困难，说明货款不能及时收回，并由此造成不能及时支付材料款、不能到期偿债等后果。正是基于财务管理的这一特点，公司财务部门应及时向公司经理人员提供财务活动信息，协助领导及时调整和控制各项生产经营活动。

3.综合性强

财务管理的综合性主要体现在价值管理上。因为公司价值是物质技术条件、人力资源条件、有形资产、无形资产和经营水平的综合体现，在财务管理过程中所反映出来的资本、成本、利润等价值指标，能够全面、系统地反映公司各种财产物资的数额、结构和周转情况，反映公司各种人力消耗和物资消耗，反映公司各种营业收入和非营业收入及经济效益。通过这些信息，可以把公司生产经营过程、资源是否合理配置综合全面地反映出来。

第二节 财务管理目标、原则与程序

一、财务管理目标

财务管理目标就是公司在特定的理财环境中，通过组织公司财务活动，处理公司财务关系所要达到和实现的最终目的。它是评价公司财务活动是否合理的基本标准。财务管理目标制约着财务活动的方向，不同的财务管理目标会产生不同的财务运行机制。科学地确定财务管理目标，对优化财务行为、实现财务资源的合理配置和有效使用、合理安排财务制度、妥善处理和协调财务关系，具有极其重要的作用。财务管理目标受经济发展水平、经济管理体制和公司目标的影响，在不同历史时期以不同的指标体现。概括而言，人们对财务管理目标的观点主要有利润最大化、每股收益最大化、股东财富最大化和公司价值最大化。

（一）利润最大化

利润最大化的观点来自西方微观经济学理论，利润代表了公司新创造的财富，利润越多，说明公司财富增长得越多，越接近生存、发展和获利的目标。

将利润最大化作为财务管理目标的优点主要在于：第一，利润额是公司在一定期间经营收入和经营费用的差额，反映了当期经营活动中投入与产生的结果，在一定程度上体现了公司经济效益的高低，而且利润指标简单明了，易于理解，便于衡量和考核财务管理的绩效；第二，公司是以营利为目的的经济组织，利润最大化的财务管理目标符合公司管理的根本要求；第三，利润既是所有者投资收益的基本来源，也是公司资本积累的基本来源，因而，利润最大化能够体现公司和股东的共同要求。

将利润最大化作为财务管理目标的局限性主要在于：①忽视了时间的选择，没有考虑货币时间价值。例如，今年获利1000万元和明年获利1000万元，哪一个更符合公司的目标呢？如果不考虑货币时间价值，就难以做出正确判断。②忽视了利润赚取与投入资本的关系。假设公司A、B两个项目都于今年获得100万元利润，并且取得的都是现金收入。如果A项目只需要投资200万元，而B项目则需要投资500万元，那么显然A项目更好一些，但是仅从利润指标却反映不出来。③忽视了风险。一般而言，利润的变化代表着风险的变化。报酬与风险是相伴而生的，公司预期追求高利润，意味着将承担更大的风险。因此，在利润最大化目标下，仅通过比较不同项目收益的大小作为决策的依据而忽视所承受风险的大小，显然是不可取的。④导致片面追求利润最大化，影响公司长远发展。由于利润指标通常是按年计算的，因此，可能会导致公司为追求年度利润最大化，忽略挖潜、革新、技术改造，进而导致公司产生短期的财务决策倾向，不利于公司的长远发展。⑤利润是会计核算的账面金额，容易被人为操作。

因此，现代财务理论认为，利润最大化并不是财务管理的最佳目标。

（二）每股收益最大化

每股收益也称为每股盈余，是税后净利润与普通股股数的比率。这种观点认为，股份代表了资本所有者在公司中所拥有的资本权利份额，每股收益反映了股东原始资本在公司中的运用效率，财务管理目标就是要追求股东每股收益最大化。

把每股收益最大化作为财务管理目标的优点主要在于：每股收益是相对数指标，便于在不同资本规模的公司之间进行对比；在没有增发股份追加投资和每年进行了利润留存的情况下，每股收益指标能够衡量公司在不同时期的股东资本运用效率；每股收益在一定程度上考虑了股东投资者的利益。

把每股收益最大化作为财务管理目标的局限性主要在于：每股收益是已完成事项的成果，并不能代表公司未来的发展潜力；每股收益最大化没有考虑每股收益取得的时间及其所面临的风险；每股收益指标受会计核算的影响，同时没有考虑债权人的利益要求。

（三）股东财富最大化

股东财富是指公司通过有效的经营和理财，最终给股东创造的价值。这种观点认为，股东财富不是指股东在公司中所拥有的净资产账面金额，而是在资本市场上的价值。对于上市公司来说，股东财富由其所拥有的股票数量和股票市场价格两方面决定。在股票数量既定时，股票财富最大化直接表现为股票价格最大化，股东财富的变化可随时通过股票市场上该公司的股票价格变化反映出来。

把股东财富最大化作为财务管理目标的优点主要在于：考虑了货币时间价值和投资风险价值；②反映了资产保值增值的要求，股东财富越多，资产市场价值越大；在一定程度上能够避免公司产生短期的财务决策行为。

把股东财富最大化作为财务管理目标的局限性主要在于：只适合上市公司，非上市公司很难有比较公允、客观的股票市场价格；过于强调股东的利益，而对公司其他利益关系人重视不够；影响股票价格的因素并非都是公司所能控制的，把公司不可控的因素引入财务管理目标是不合理的。

（四）公司价值最大化

公司价值是指公司的公允市场价值，是公司所能创造的预计未来现金流量的现值。公司价值反映了公司潜在的或预期的获利能力。公司价值最大化这一观点认为，公司价值最大化是通过财务上合理经营，采取最优的财务决策，充分利用货币时间价值和风险与收益的关系，注重公司的长期稳定发展，强调在公司价值增长中满足各方利益相关者需求，不断增加公司财富，使公司总价值最大化。

把公司价值最大化作为财务管理目标的优点主要在于：考虑了货币时间价值和投资风险价值；将公司长期、稳定的发展和持续的获利能力放在首位，能够避免公司追求利润最大化的短期行为；有利于社会资源的优化配置，社会资源通常流向价值最大化的公司或行业，进而有利于实现社会效益最大化。

把公司价值最大化作为财务管理目标的局限性主要在于：尽管上市公司股票价格的变动在一定程度上可以揭示公司价值的变化，但是股票价格是受多种因素综合影响的结果，特别是在资本市场弱式有效的情况下，股票价格很难反映公司的真实价值。对于非上市公司而言，只有通过专门的机构对公司进行评估才能确定其价值，而在评估公司价值时，由于受到评估标准和评估方式以及评估人员职业道德等因素的影响，评估的客观性和准确性难以保证。

近年来，人们越来越重视生存环境的改善和保护。公司作为经济实体，必须考虑其政策和行为对整个社会的影响。环境对公司决策至关重要，越来越多的公司也自觉承担起保护环境的社会责任。因此，现代财务管理应该以公司价值最大化为最佳目标，同时兼顾社会责任，这也是本书所采用的观点。

二、财务管理原则

任何系统的正常运行都要遵循相应的原则，财务管理活动的有序展开也应遵循相应的原则。财务管理原则是人们在理财过程中共同的、理性的认识，它是企业组织财务活动、处理财务关系的准则与规范，是对财务管理的基本要求。

（一）坚持资源合理配置原则

公司的资本在生产经营过程中表现为各种各样的资源，各种资源之间客观上存在着一定的比例关系。因此要通过财务活动的组织和调节来保证资源的合理配置，只有这样才能使资本的利用效果达到最佳。

公司资源的配置是资本运动的结果，同时它通过资本结构比例反映出来。从资本运动的静态看，公司存在各种各样的资本结构。从资本占用方面看，公司的资本表现为各种形态的资产，不同形态的资产可构成多种比例关系，比如各种资产占总资产的比重，固定资产与非固定资产的比例，货币资产与非货币资产的比例，对外投资与对内投资的比例。从资本来源方面看，存在着负债资本与权益资本的比例、长期负债与短期负债的比例等。

根据系统论观点，系统各要素的构成比例是决定一个系统功能的基本条件。在财务管理活动系统中，只要资源配置合理、资源构成比例协调就能保证生产经营活动正常展开，并因此取得最佳经济效益；反之，就会影响生产经营活动的正常展开，甚至导致经营失败。

资源的合理配置就是要把资本按照合理的比例配置到生产经营的各阶段，保证公司资本活动的继起性和各种形态资本的适度占有，以确保公司生产经营活动的正常展开。

（二）坚持成本效益原则

公司在财务管理过程中既要关心资本的流量，又要关心资本的增量。所谓增量，是指公司生产经营活动中所产生的利润。资本的增量涉及成本和收益两个因素。成本效益原则就是对生产经营活动中的成本与收益进行比较分析，使成本与收益达到最优组合，以谋求更多的财务收益。

财务管理目标使公司所有者权益最大化，为此必须不断提高公司的经济效益，实行有效的成本效益核算。成本效益原则应当贯穿整个理财活动。比如，在做出投资决策时必须对投资额与投资收益进行对比分析，在筹资时必须对资本成本与资本利润进行比较分析，在生产经营过程中必须对生产成本与销售收入、销售利润与期间费用进行对比分析。因此，在财务管理过程中要坚持成本效益原则。

（三）坚持收支平衡原则

所谓收支平衡，就是要做到资金流量的协调平衡。公司发生资本的支出意味着一次资本循环的开始，公司取得资本收入意味着本次资本循环结束。要保证资本周转顺利进行，不仅要做到在一定时期内资本的收支总量平衡，而且要做到在每一个时点上资本的收支平衡。如果在每个会计期间资本收入都小于资本支出，则必然会导致资本周转中断。如果在某个会计期间资本收支总额平衡，但在某个时点上资本收支不平衡，也会影响资本周转的流畅性。

但是，资本收支平衡不能采取消极方式来实现。比如，由于资金紧张而压缩生产规模，拖欠到期债务，这样做的后果是公司收入减少，损害公司信誉。因此，资金收支平衡应当采取积极的方式来实现。首先，要通过提高生产质量和生产适销对路的产品来增加收入；其次，要开源节流，增收节支；最后，在发达的金融市场条件下，还应当通过短期筹资和投资来调节资金的余缺。

（四）坚持收益风险均衡原则

在市场经济的激烈竞争中，财务管理活动不可避免要遇到风险，公司要获得收益，就不能回避风险，风险中包含着收益。公司在理财过程中不能一味追求收益而不考虑发生损失的可能性。收益风险均衡原则要求公司对每一项财务活动都要全面分析其收益性和安全性，按照收益和风险适度适当均衡的要求决定行动方案，在实践中趋利避害，提高收益。

在财务活动中，低风险只能获得低收益，高风险往往可能获得高收益。对投资者而言，其要求风险与收益相适应，风险越大则要求的收益越高。风险与收益是一对孪生兄弟，只是不同的经营者对风险的态度有所不同，有的人宁愿收益稳当一些也不愿意冒较大风险，有的人甘愿冒较大风险以获得较高收益。无论投资者的心理状态是稳健的还是进取的，都应当对决策项目的风险和收益做出全面的分析评价，以便选择最有利的方案。特别要注意把风险大、收益高的项目同风险小、收益低的项目搭配起来，分散风险，使风险与收益平衡，做到既降低风险又能获得较高收益，以提高公司经济效益。

（五）坚持经济利益关系协调原则

公司的财务管理活动必然使公司与有关各方产生各种各样的经济利益关系。经济利益关系协调原则就是公司在财务管理活动中利用经济手段协调国家、投资者、债权人、客户、经营者、职工、内部各单位的经济利益关系，以维护有关各方的合法权益。

公司与有关各方经济利益关系的协调基本上是通过公司财务管理活动实现的。公司对外应协调的关系：依法缴纳国家税收；对投资者要做到资本保全，要合理进行利润分配；对债权人要按时还本付息，讲求信誉；对往来单位要认真履行经济合同。公司对内应协调的关系：对生产经营效果好的车间、部门应给予一定的奖励，运用各种方法划清各车间、部门的经济责任和经济利益；对职工应实行按劳分配，把职工的收入与劳动成果挂钩；对经济效益不好的部门以及不遵守劳动纪律的职工要进行经济处罚。公司只有处理好各方面的经济利益关系，才能使生产有序、高效进行。

三、财务管理程序

要搞好财务管理工作，实现财务管理目标，除了要遵循相应的财务管理原则外，还要遵循一定的步骤，这就是财务管理程序。财务管理程序包括财务预测、财务决策、财务预算、财务控制和财务分析。财务管理流程中的各个环节相互联系，密切配合，构成了一个完整的财务管理工作体系。

（一）财务预测

财务预测是指根据公司财务活动的历史资料信息，考虑现实的要求和条件，运用科学、合理的方法对公司未来的财务状况、发展趋势及其结果进行科学的预计和测算的过程。财务预测为公司财务决策提供依据，同时为编制公司财务预算做好准备，因此，进行财务预测对于提高财务管理效率和工作质量有着重要的意义。

财务预测的一般程序：①明确预测对象和预测目标。为了达到预测效果，必须根据决策的需要，针对不同的预测对象，确定预测目标。②收集和整理相关资料。根据预测对象和预测目标，有针对性地收集资料，检查资料的可靠性、完整性和典型性，排除偶发因素对资料的影响，并对各项资料进行必要的归类、汇总和调整，使资料符合预测需要。③建立预测模型。按照预测对象，找出影响预测对象的一般因素及其相互关系，建立相应的预测模型。④利用预测模型进行预测。对预测对象的发展趋势和水平进行定量的描述，以获得预测结果。⑤分析预测结果。为了使预测结果符合预期要求，在定量分析的基础上还需要对定量预测的结果进行必要的定性分析和论证，以便做出必要的调整。这样就可以获得精确度较高的预测资料，为决策提供依据。

（二）财务决策

财务决策是指财务管理人员在公司财务管理总目标要求下，运用专门的方法对各种备选方案进行比较和分析，从中选出最佳方案的过程。财务决策是财务管理的核心，其他财务管理环节都要围绕这个环节来展开，财务决策合理与否决定着财务工作的成败。

财务决策一般要经过三个步骤：①确定决策目标。以预测数据为基础，结合公司总体经营战略和国家宏观经济要求，从公司实际出发，确定决策期内公司需要实现的财务目标。②拟订备选方案。以确定的财务目标为主，考虑市场可能出现的变化，结合公司内外有关财务和其他经济活动资料以及调查研究材料，设计出实现财务目标的各种实施方案。③分析评价被选方案，择优决策。通过对各种可行实施方案的分析论证、对比研究，主要是对各方案经济效益的分析研究，运用合适的决策方法，做出最优财务决策。

财务决策的方法有两类：一类是经验判别法，即根据决策者的经验，结合必要的专业知识来进行判别和选择，常用的方法有淘汰法、排队法、归类法等；另一类是定量分析法，即运用数学模型，通过定量测算来进行方案的评价和选择，常用的方法有数学分析法、概率决策法、优选对比法等。

（三）财务预算

财务预算是指运用科学的技术手段和数量方法，对未来财务活动的内容及其指标进行具体规划的过程。财务预算是财务预测、财务决策的进一步深化，是以财务决策确定的方案和财务预测提供的信息为基础，并加以具体化，也是财务控制的依据。

财务预算的编制一般包括三个步骤：①分析财务环境，确定预算指标。按照公司供产销的条件和生产能力，运用科学方法，对决策确定的目标进行因素分析，确定对其有影响的多种因素，按照成本效益原则制定出系列主要计划指标。②协调人力、物力、财力，组织综合平衡，主要是要做到合理安排公司人力、物力、财力，使之与公司管理目标的要求相适应。③选择预算方法，编制财务预算。编制财务预算有很多种方法，常用的是固定预算法、弹性预算法、增量预算法、零基预算法、滚动预算法、概率预算法、定期预算法等。公司应根据不同的预算项目合理选择其预算编制方法。

（四）财务控制

财务控制是指在财务管理过程中以财务预算为依据，对财务活动如资本的收入、支出、占用、耗费等进行日常的指导、协调、监督和控制，以实现财务预算所规定的财务目标。

财务控制的一般程序：①建立控制系统。控制系统包括主体、对象与内容、方法与程序。②确定控制标准。控制标准包括财务指标和以此为起点分解的一系列数量指标。③信息传递与反馈。信息传递与反馈包括控制标准信息的下达，偏差信息的确认、分析与反馈，差异调整指令的传递，等等。④纠正偏差。根据纠偏指令，执行偏差调整措施。财务控制有很多种方法，常用的是防护性控制和反馈控制。

（五）财务分析

财务分析是指以会计核算资料和其他方面提供的资料为依据，运用专门的方法，对公司财务活动和结果进行评价和剖析。通过财务分析可以掌握各项财务预算指标的完成情况，有利于改善公司财务预测、决策、预算工作，还可以总结经验，研究和掌握公司财务活动的规律，不断改进财务管理工作。财务管理人员通过财务分析可以提高其业务水平。

财务分析的一般步骤：①确定财务分析目标。为了达到财务分析的效果，必须根据公司的需要，针对不同的分析对象，确定财务分析的目标。②收集资料，掌握情况。进行财务分析必须要有充足的资料和信息。这些资料和信息主要包括预算资料、财务报告实际资料、公司历史财务数据以及市场调查资料等。③指标对比分析，揭露矛盾。将指标进行对比分析能够发现问题，找出差异。④因素分析，明确责任。要揭示问题或差异产生的原因，还需要进行因素分析。进行因素分析就是要查明影响财务指标完成的各种因素，并分析各种因素对指标完成的影响程度，以便厘清责任，落实奖惩。⑤提出措施，改进工作。在掌握大量资料和信息的基础上找出各种财务活动之间以及财务活动同其他经济活动之间的本质联系，提出改进措施，完善财务管理工作。财务分析有很多种方法，常用的有对比分析法、比率分析法和因素分析法。

第三节　财务管理环境

一、宏观经济环境

在影响财务管理的各种外部环境中，宏观经济环境是最为重要的。宏观经济环境的内容十分广泛，主要包括经济周期、经济发展水平、通货膨胀状况、国家宏观经济政策等。

（一）经济周期

在市场经济条件下，经济的发展与运行都带有一定的波动性，大体经历复苏、繁荣、衰退和萧条四个阶段的循环。经济周期是客观存在的，单个公司是无法改变宏观经济周期的。在不同的经济周期下，公司的经营活动会呈现出不同的状况。

一般而言，在经济萧条阶段，由于宏观经济不景气，公司产量下降或产品积压不能变现，导致公司资金紧张，周转不畅；在经济繁荣阶段，市场需求旺盛，产销量上升，公司为扩大生产，需要增加筹资和投资，以增加公司生产要素。总之，在不同的经济周期下，公司应采取不同的财务管理战略。

（二）经济发展水平

财务管理水平与经济发展水平是密切相关的，经济发展水平越高，财务管理水平也就越高。财务管理水平的提高将推动公司降低成本、提高效益，反过来会助推经济发展水平的提高；而经济发展水平的提高将改变公司财务战略、财务管理模式以及财务管理的方法和手段，从而促进公司财务管理水平的提高。财务管理应当以经济发展水平为基础，以宏观经济发展目标为导向，从业务工作角度保证公司经营目标的实现和经营战略的实施。

（三）通货膨胀状况

通货膨胀是指在纸币流通条件下，由于纸币的流通量超过商品流通中的实际需要量而引起的纸币贬值、物价普遍上涨的一种经济现象。通货膨胀犹如一个影子，始终伴随着现代经济的发展，也是困扰公司管理人员的重要因素。

通货膨胀不仅对消费者不利，而且对公司财务管理的影响也很严重，主要表现在以下几个方面：公司资本占用量增大，增加公司资本需求量；公司利润虚增，造成虚假繁荣景象；利率上升，增加公司筹资成本；资本供应紧张，加大公司筹资难度。

尽管通货膨胀是公司通过自身努力无法改变的外部环境，需要国家制定相应的宏观调控政策和措施，但是公司应该根据通货膨胀状况，结合公司所处行业的特点，及时调整财务管理策略，尽可能地防范风险、减少损失。

（四）国家宏观经济政策

国家宏观经济政策是国家进行宏观经济调控的重要手段。国家的产业政策、金融政策、财税政策等对公司的财务管理措施有着重要的影响，如金融政策中的货币发行量、信贷规模会影响公司的资本结构，价格政策会影响公司资本的投向以及预期收益。

财务管理人员只有深刻领会、认真研究国家宏观经济政策按照政策的导向办事，才能趋利避害，更好地管理公司财务，创造更多的财务价值。

二、金融环境

影响公司财务管理的金融环境因素主要有金融市场、金融机构、利息率。

（一）金融市场

1.金融市场及其分类

金融市场是指资本供应者和资本需求者通过一定的金融工具进行交易而实现资本融通的场所。金融市场有广义和狭义之分。狭义的金融市场是指有价证券市场，即股票与债券的发行和买卖市场。广义的金融市场是指与资本融通相关利益主体的经济关系以及协调这些关系的市场规则、规范、机制等方面。金融市场有两个基本特征：第一，金融市场是以各种金融资产为交易对象的市场。第二，金融市场可以是有形的市场，也可以是无形的市场。前者有固定场所和工作设备，如银行、证券交易所；后者则利用电脑、电话等设施，通过经纪人进行金融资产的交易活动，可以跨越城市、地区和国界。

金融市场由许多具有不同功能的市场构成，对其可以按照不同的标准进行分类。

第一，以期限长短为标准，金融市场可以分为短期金融市场和长期金融市场。短期金融市场又称为货币市场，其融资期限在一年以内，主要包括银行承兑汇票、商业票据、可转让存单、同业拆借等。其特点是偿还期短、流动性好、风险小。长期金融市场又称为资本市场，其融资期限在一年以上，主要包括股票、政府公债、金融证券等。

第二，以交易性质不同为标准，金融市场可以分为一级市场和二级市场。一级市场又称为初级市场或发行市场，是指新发行金融工具的买卖市场；二级市场又称为次级市场或流通市场，是指以发行金融工具转手买卖的市场。

第三，以交割时间不同为标准，金融市场可以分为现货市场和期货市场。现货市场是指买卖双方成交后，当场或最近时间内（几天之内）买方付款、卖方交出证券的交易市场；期货市场是指买卖双方成交后，双方约定在未来特定时日交割的交易市场。

第四，以交易对象不同为标准，金融市场可以分为资金市场、外汇市场和黄金市场。资金市场是进行资金借贷的市场，包括货币市场和资本市场。外汇市场是以各种外汇工具为交易对象的市场，主要满足交易者对外汇的需求。目前世界上主要的外汇交易市场有伦敦、纽约、东京、苏黎世、中国香港、法兰克福等著名的国际金融中心。黄金市场是集中进行黄金买卖和金币兑换的交易市场。黄金市场的交易有现货交易和期货交易两种。

2.金融市场对公司财务管理的影响

公司从事生产经营活动需要资本，除公司股东投入外，主要是从金融市场获取。金融市场的变化必然影响公司的财务管理行为。金融市场作为影响公司财务管理最主要的环境因素，它对公司财务管理的影响主要体现在以下三个方面。

（1）金融市场是公司投融资的重要场所。

公司需要资本时，可以在金融市场选择合适的筹资方式和恰当的筹资时机去筹集所需要的资本。同时，公司也可以将闲置的资本适时地投放到金融市场中，从而获取收益。

（2）金融市场促进了公司资本的灵活转换。

金融市场中各种形式的金融交易形成了复杂多变的融资活动。通过这样的融资活动，可以实现资本形式的相互转换，包括时间上，长期资本和短期资本的相互转换；空间上，不同区域间资本的相互转换；数量上，大额资本和小额资本的相互转换；等等。例如，公司急需周转资本时，可以将长期资本，如股票、基金、债券及大额可转让定期存单等在金融市场卖出或兑现，变为短期资本；当公司有暂时闲置的短期资本时，可以将短期资本投资于证券市场的股票、基金、债券等临时转换成长期资本。

（3）金融市场能为企业财务管理提供及时、有用的信息。

金融市场的利率、价格变化趋势以及资金供求情况等都是财务管理及时、有用的信息。金融市场中的利率高低、各种金融工具的价格波动都将影响公司的筹资成本，如银行贷款利率的提高会影响公司的贷款成本、公司股票价格的波动会影响公司配股或增发新股的价格等，这些都是公司进行生产经营和财务决策的重要依据。

（二）金融机构

凡是在融资活动中居于中介地位，并且发行间接证券的机构都是金融机构，也称为金融中介。它首先把间接证券出售给需要融出资金的机构或个人，然后用资金购买需要融入资金单位的直接证券，从而实现资金的融通。一个机构是否为金融机构，判断的依据是它是否发行了间接证券。间接证券是指债务人通过金融媒介向债权人融资，由金融机构发行的证券；直接证券是指债务人不通过金融媒介，直接向债权人筹资而发行的证券。金融机构主要是指银行和非银行金融机构。我国的金融机构主要包括中国人民银行、商业银行、政策性银行和非银行金融机构。

1.中国人民银行

中国人民银行为国务院组成部门，是我国的中央银行（以下简称央行），是在国务院领导下制定和执行货币政策、防范和化解金融风险、维护金融市场稳定的宏观调控部门。

2.商业银行

商业银行是以营利为目的，主要经营存贷款与办理转账结算的金融机构。我国的商业银行可以分为两大类：①国有独资商业银行，如中国工商银行、中国银行、中国农业银行、中国建设银行。它们的传统分工已经被淡化。②股份制商业银行。我国的股份制商业银行是从20世纪80年代开始发展起来的，现在有交通银行、深圳发展银行、中国光大银行、华夏银行、招商银行、兴业银行、上海浦东发展银行、中国民生银行及各地的城市商业银行等。这些银行以公司法人股和财政入股为主，个别银行有个人股权。

3.政策性银行

政策性银行是指由政府设立，以贯彻国家产业政策、区域发展政策为使命，不以盈利为目的的金融机构。目前我国的政策性银行有三家：国家开发银行、中国进出口银行、中国农业发展银行。它们都成立于1994年，是当时由国家需要而设立的。它们不面向公众吸收存款，而是以财政拨款和发行政策性金融证券为主要资金来源；它们不以盈利为目的，主要是为了贯彻国家产业政策和区域发展政策。但是它们的资金也必须有偿使用，对贷款要经过严格审查，并要求还本付息，即坚持保本微利的原则。

4.非银行金融机构

目前，我国主要的非银行金融机构有保险公司（主要经营保险业务）、信托投资公司（主要从事受托理财业务）、金融租赁公司（主要办理金融租赁业务）、证券机构（主要从事证券业务）、财务公司（主要向社会募集中长期资金，为企业集团提供财务技术服务）等。

（三）利息率

利息率（以下简称利率），是衡量资本增值量的基本单位，也就是资本的增值与投入资本的价值之比。从资本流通角度看，利率为资本的交易价格。资本作为一种特殊的商品，是以利率为价格标准的，资本的融通实质上是通过利率这一价格体系在市场机制作用下实行再分配。这种分配的结果往往是获利较高的投资机会更容易得到资本。因此，我们可以说利率是一只无形的手，是资本市场上资本流向的调节器。

按照经济学原理，任何一种商品的市场价格都应该由该商品的市场供求情况决定，这种商品的供求规律及供求均衡情况决定了该商品的一般价格水平。资本这种特殊商品的价格（即利率）也主要由供求情况决定。同时，利率变动还要受经济周期、货币政策、财政政策、通货膨胀和国际收支状况等因素影响。由于影响利率变化的因素很多，且影响因素和利率变化之间的关系非常复杂，因此，在财务管理实践中，人们往往根据利率的构成对具体的利率变动进行估算。一般来说，资金的利率（即市场利率）包括纯利率、通货膨胀补偿率、违约风险收益率、流动性风险收益率、期限性风险收益率。

1.纯利率

纯利率是指在无通货膨胀和无风险情况下的社会平均利润率。纯利率的高低受平均利润率、资本供求关系和国家宏观政策的影响，很难被精确地测定。因此，在实际工作中，通常用无通货膨胀情况下的国库券利率来表示。

2.通货膨胀补偿率

通货膨胀会降低货币的实际购买力，使投资者的真实收益率下降，因此，他们必然会要求提高利率水平以补偿其购买力损失。一般认为，政府发行的短期国库券利率是由纯利率和通货膨胀补偿率两部分组成的。

3.违约风险收益率

违约风险是指借款人无法按期偿还本金和利息而给投资者带来的风险。如果借款人经常不能按期支付本息，则说明该公司违约风险较高。投资者为了减少损失，必然要求提高收益率以弥补违约风险。当然，违约风险收益率不可以无限制地增长，如果某公司具有太高的违约风险，那么它以任何利率都不可能筹集到借款。公司违约风险由其信用程度决定。公司的信用程度可以分为若干等级，等级越高，信用越好，违约风险越低，利率水平越低；信用不好，违约风险高，利率水平自然提高。一般将国库券与拥有相同到期日、变现力和其他特性的公司债券两者之间的利率差作为违约风险收益率。

4.流动性风险收益率

流动性风险是指某项资产迅速转化为现金的可能性。如果一项资产能够迅速转化为现金，说明其变现能力强，流动性好，流动性风险低；反之，则流动性风险高。政府债券和大公司债券的信用好，变现能力强，容易被广大投资者接受，具有较强的流动性，投资者在需要投资时可以随时出售，流动性风险小，利率低；而一些不知名的中小公司发行的债券，流动性差，流动性风险高，利率高。在其他因素相同的情况下，流动性风险小的债券和流动性风险大的债券的利率相差1%～2%，即流动性风险收益率。

5.期限性风险收益率

期限性风险是指因投资者进行期限较长的投资，在投资回收前因利率变动导致所投资的资产价值贬值而使投资者遭受损失的风险。一项负债，到期日越长，债权人承受的不确定性因素就越多，承担的风险就越高。为了弥补这种风险而提高的利率水平，就是期限性风险收益率。例如，同时发行的国债，5年期利率比3年期利率高，银行贷款利率也是如此。

第二章 财务筹资与投资管理

第一节 筹资管理概述

一、企业筹资的动机

企业筹资是指企业为了满足经营活动、投资活动、资本结构管理和其他需要，运用一定的筹资方式，通过一定的筹资渠道，筹措和获取所需资金的一种财务行为。

企业筹资最基本的目的是维持企业的经营和发展，给企业的经营活动提供资金保障，但每一次的筹资行为都可能目的不同，例如，为提高技术水平购置新设备而筹资，为对外投资活动而筹资，为解决资金周转而筹资，等等。各种筹资原因，归纳起来表现为四类筹资动机：创立性筹资动机、支付性筹资动机、扩张性筹资动机和调整性筹资动机。

（一）创立性筹资动机

创立性筹资动机是指企业设立时，为取得资本金并形成开展经营活动的基本条件而产生的筹资动机。资金是设立企业的第一个环节，根据《中华人民共和国公司法》《中华人民共和国合伙企业法》《中华人民共和国个人独资企业法》等相关法律的规定，任何一个企业或公司在设立时都要求有符合企业章程或公司章程规定的全体股东认缴的出资额。企业创建时，要按照企业经营规模核定长期资本需要量和流动资金需要量、购建厂房设备等，形成企业的经营能力。这样就需要筹措注册资本和资本公积等股权性资金，而不足部分则需要通过筹集债务性资金解决。

（二）支付性筹资动机

企业在开展经营活动过程中，经常会出现超出维持正常经营活动资金需求的季节性、临时性的交易支付需要，如购买原材料的大额支付、员工工资的集中发放、银行借款的提前偿还、股东股利的发放等。这些情况要求除了正常经营活动的资金投入以外，还需要通过经常的临时性筹资来满足经营活动的正常需求，维持企业的支付能力。这种为了满足经营业务活动的正常开展而发生的资金需求便是支付性筹资动机。

（三）扩张性筹资动机

扩张性筹资动机是指企业因扩大经营规模或对外投资需要而产生的筹资动机。企业维持简单再生产所需要的资金是稳定的，通常不需要或很少追加筹资。一旦企业扩大再生产，经营规模扩张，开展对外投资，就需要大量追加筹资。具有良好发展前景且处于成长期的企业，往往会产生扩张性筹资动机。扩张性的筹资活动在筹资的时间和数量上都要服从于投资决策和投资计划的安排，避免资金的闲置和投资时机的贻误。扩张性筹资的直接结果是企业资产总规模的增加和资本结构的明显变化。

（四）调整性筹资动机

调整性筹资动机是指企业因调整资本结构而产生的筹资动机，目的在于降低资本成本，控制财务风险，提升企业价值。企业产生调整性筹资动机的具体原因大致有以下两个。

第一，优化资本结构，合理利用财务杠杆效应。随着企业的经营发展，可能会出现债务资本比例过高或者股权资本比例较大的情况，债务过高会给企业带来较大的财务风险，而股权资本较高，企业的资本成本就会较大，这些均会使企业的资本结构不尽合理。企业可以通过调整性筹资增加股权或债务资金，达到调整、优化资本结构的目的。

第二，偿还到期债务，进行债务结构内部调整。如果流动负债比例过高，使得企业近期偿还债务的压力较大，可以举借长期债务来偿还部分短期债务。又如，一些债务即将到期，企业虽然有足够的偿债能力，但为了保持现有的资本结构，可以举借新债以偿还旧债。

调整性筹资的目的是调整资本结构，而不是为企业经营活动追加资金，这类筹资通常不会增加企业的资本总额。

企业通过追加筹资，既可以满足经营活动、投资活动的资金需要，又可以调整资本结构，这类情况很多，可以归纳称为混合性筹资动机。混合性筹资动机一般是基于企业规模扩张和调整资本结构两种目的，兼具扩张性筹资动机和调整性筹资动机的特性，同时增加了企业的资产总额和资本总额，也使企业的资产结构和资本结构同时变化。

二、企业筹资的原则

企业筹资是一项重要而复杂的工作，为了有效地筹集企业所需资金，在遵守国家有关法律和维护各方合法权益的前提下，还需要遵守以下基本原则。

（一）合理确定筹资规模

筹资规模即为企业筹集资金的总额。企业财务人员要认真分析企业生产、经营状况，采用科学的方法，预测不同时期的资金需要量，合理确定筹资规模。资金筹集不足会影响生产经营的正常进行和贻误投资良机，也会因再筹资而增加费用支出；而资金筹集过多，会造成资金闲置浪费，影响资金使用效果，增加不必要的筹资费用支出。

（二）恰当安排筹资时间

企业财务人员在筹集资金时，必须熟知资金时间价值的原理和计算方法，以便根据资金需求的具体情况，制订筹资计划，恰当安排资金的筹集时间，适时获取所需资金，使资金的筹集和运用在时间上互相衔接。这既能避免过早筹集资金，造成资金投放前的闲置浪费，又能防止滞后筹资而错过资金投放的最佳时机，从而提高资金使用效果。

（三）选择最佳筹资方式

资金的来源渠道和资金市场为企业提供了资金的源泉和筹资场所，它反映资金的分布状况和供求关系，决定着筹资的难易程度。不同来源的资金，筹资风险和资本成本也不相同。

因此，企业应认真研究资金来源渠道和资金市场，合理确定筹资方式，选择最佳资本结构，以降低资金成本。

（四）保持最佳资本结构

在确定筹资数量、筹资时间、资金来源的基础上，企业在筹资时还必须认真研究各种筹资方式的风险和效益。企业筹集资金必然要付出一定的代价和承担一定的风险，不同筹资方式的资金成本和风险不同，企业应保持最佳资本结构，使企业综合资金成本降到最低。因此，需要对各种筹资方式进行分析对比，选择经济可行、风险适度的筹资方式，确定合理的资本结构。既要通过负债经营获取较高效益，又要通过各种途径加强筹资风险控制，确保财务安全和稳定，达到风险与效益的统一。

三、企业筹资渠道

筹资渠道是指筹集资金来源的方向和通道。认识各种资金来源渠道的性质，有利于提高融资效果和降低资金成本。目前，我国企业的筹资渠道主要有以下几种。

（一）国家财政资金

国家财政资金是国有企业资金的主要来源。现有国有企业的资产大部分都是过去国家以财政拨款的方式投资形成的。随着我国经济体制改革的深化，越来越多的国有企业被推向市场，但有些重点行业、基础性产业等影响国民经济长远发展的国有企业，国家财政资金仍然是其筹资的主要来源。

（二）银行信贷资金

银行信贷资金是银行以居民、企事业单位储蓄为资金来源向企业发放的各种贷款。银行信贷资金来源稳定，贷款方式灵活，能适应各种企业的资金需求，是企业的重要筹资渠道。银行信贷资金分为商业性银行贷款和政策性银行贷款。商业性银行贷款是由商业银行提供的、以盈利为目的的信贷资金。政策性银行贷款是经国家有关部门批准的、由国家政策性银行提供的、属于国家重点扶持项目的信贷资金。一般情况下，商业银行贷款利率高于政策性银行贷款利率。

（三）非银行金融机构资金

非银行金融机构是指除商业银行、政策性银行以外的，从事信贷及其他金融业务的金融机构，比如保险公司、企业集团所属财务公司等，它们可以直接为企业提供资金或为企业筹资提供服务。非银行金融机构资金供应灵活，且服务形式多样，在我国有广阔的发展前途。

（四）其他企业资金

企业在生产经营过程中形成部分暂时闲置的资金，这部分资金委托金融机构在企业间调剂使用，形成委托信贷资金，企业间通过商业信用形成的应收、应付款项属于结算过程中形成的信贷资金。企业间相互投资的委托信贷资金和商业信用中形成的结算信贷资金的存在，使其他企业资金成为企业资金的重要来源渠道之一。

（五）居民个人资金

企业为了获得资金会采用发行股票、债券的形式进行筹资。企业通过发行股票、债券等方式筹资的对象是企事业单位、社会集团和社会公众。当居民个人以社会公众身份购入企业股票或企业债券的时候，居民个人资金就成为企业资金的重要来源渠道之一。

（六）企业自留资金

企业自留资金又称为企业内部资金，主要包括企业在经营过程中形成的留存收益和计提固定资产折旧形成的折旧基金。留存收益是企业经营过程中形成的利润扣除应缴所得税和股利之后，留存在企业的盈余公积金和未分配利润，属于企业自我资金积累；折旧基金是根据固定资产的损耗程度，采用一定的计算方法计算的应计折旧额，以折旧费用的形式计入各期成本或费用，在当期销售收入中得到补偿的那部分资金，属于企业的现金沉淀，是用来对固定资产进行更新改造的准备金。

（七）外商资金

外商资金又称为境外资金，是指由境外人士和组织向我国企业投入的资金，是外商投资企业的重要资金来源。我国实行对外开放政策以来，外商向我国投资的规模逐步扩大。吸收外商直接投资是我国利用外资的传统方式，QFII制度是我国引入外资的新途径。

第二节　债务筹资与权益筹资

一、债务筹资

债务筹资形成企业的债务资金，是企业通过银行借款、向社会发行公司债券、融资租赁等方式筹集和取得的资金。常见的债务筹资形式有银行借款、发行公司债券、融资租赁和商业信用。商业信用也是一种债务资金，但它是由企业间的商品或劳务交易形成的。

（一）银行借款

银行借款是指企业向银行或其他非银行金融机构借入的、需要还本付息的款项，包括偿还期限超过1年的长期借款和不足1年（含1年）的短期借款，主要用于企业购建固定资产和满足流动资金周转的需要。

1.银行借款的种类

（1）按提供贷款的机构划分。

按提供贷款机构的不同，银行借款分为政策性银行贷款、商业银行贷款和其他金融机构贷款。

政策性银行贷款是指执行国家政策贷款业务的银行向企业发放的贷款，通常为长期贷款。例如，国家开发银行贷款，主要满足企业承建国家重点建设项目的资金需要；中国进出口银行贷款，主要为大型设备的进出口提供买方信贷或卖方信贷；中国农业发展银行贷款，主要用于确保国家对粮、棉、油等政策性收购资金的供应。

商业银行贷款是指由各商业银行，如中国工商银行、中国建设银行、中国农业银行、中国银行等，向工商企业提供的贷款，用以满足企业生产经营的资金需要，包括短期贷款和长期贷款。

其他金融机构贷款，比如从信托投资公司取得实物或货币形式的信托投资贷款、从财务公司取得的各种中长期贷款、从保险公司取得的贷款等。其他金融机构贷款一般较商业银行贷款的期限要长，要求的利率较高，对借款企业的信用要求和担保的选择也比较严格。

（2）按机构对贷款的担保要求划分。

按机构对贷款有无担保要求，银行借款分为信用贷款和担保贷款。

信用贷款是指以借款人的信誉或保证人的信用为依据而获得的贷款。企业取得这种贷款，无须以财产做抵押。这种贷款风险较高，银行通常会收取较高的利息，同时附加一定的限制条件。

担保贷款是指由借款人或第三方依法提供担保而获得的贷款。

（3）按企业取得贷款的用途划分。

按企业取得贷款的用途不同，银行借款分为基本建设贷款、专项贷款和流动资金贷款。

基本建设贷款是指企业因从事新建、改建、扩建等基本建设项目需要资金而向银行申请借入的款项。

专项贷款是指企业因专门用途而向银行申请借入的款项，包括更新技术改造贷款、大修理贷款、研发和新产品研制贷款、小型技术措施贷款、出口专项贷款、引进技术转让费周转金贷款、进口设备外汇贷款、进口设备人民币贷款以及国内配套设备贷款等。

流动资金贷款是指企业为满足流动资金的需求而向银行申请借入的款项，包括流动资金借款、生产周转借款、临时借款、结算借款和卖方信贷。

2.银行借款的程序

（1）提出申请，银行审批。

企业根据筹资需求向银行提出书面申请，按银行要求的条件和内容填报借款申请书。银行按照有关政策和贷款条件，对借款企业进行信用审查，核准企业申请的借款金额和用款计划。银行审查的主要内容包括：企业的财务状况、信用情况、盈利的稳定性、发展前景、借款投资项目的可行性、抵押品和担保情况。

（2）签订合同，取得借款。

借款申请获批准后，银行与企业进一步协商贷款的具体条件，签订正式的借款合同，规定贷款的数额、利率、期限和一些约束性条款。借款合同签订后，企业在核定的贷款指标范围内，根据用款计划和实际需要，一次或分次将贷款转入公司的存款结算账户，以便使用。

3.银行借款的筹资特点

（1）筹资速度快。

与发行公司债券、融资租赁等其他债务筹资方式相比，银行借款的程序相对简单，花费时间较短，企业可以迅速获得所需资金。

（2）资本成本较低。

利用银行借款筹资，一般比发行债券和融资租赁的利息负担要低，而且无须支付证券发行费用、租赁手续费用等筹资费用。

（3）筹资弹性较大。

在借款之前，企业根据当时的资本需求与银行等贷款机构直接商定贷款的时间、数量和条件。在借款期间，若企业的财务状况发生某些变化，也可与债权人再协商，变更借款数量、时间和条件，或提前偿还本息。因此，借款筹资对企业而言具有较大的灵活性，特别是短期借款。

（4）限制条款多。

与发行公司债券相比，银行借款合同对借款用途有明确规定，借款的保护性条款对企业资本支出额度、再筹资、股利支付等行为有严格的约束，以后企业的生产经营活动和财务政策会受到一定程度的影响。

（5）筹资数额有限。

银行借款的数额往往受到贷款机构资本实力的制约，难以像发行公司债券、股票那样一次筹集到大笔资金，无法满足企业大规模筹资的需要。

（二）发行公司债券

公司债券又称企业债券，是企业依照法定程序发行的、约定在一定期限内还本付息的有价证券。债券是持有人拥有企业债权的书面凭证，代表债券持券人与发债企业之间的债权债务关系。

1.发行债券的条件

股份有限公司和有限责任公司具有发行债券的资格。发行公司债券，应当符合下列条件：具备健全且运行良好的组织机构；最近三年平均可分配利润足以支付公司债券一年的利息；国务院规定的其他条件。

2.公司债券的种类

（1）按是否记名划分。

按是否记名，公司债券分为记名公司债券和无记名公司债券。

记名公司债券应当在公司债券存根簿上载明债券持有人的姓名及住所、债券持有人取得债券的日期及债券的编号等信息。记名公司债券由债券持有人以背书方式或者法律、行政法规规定的其他方式转让，转让后由公司将受让人的姓名或者名称及住所记载于公司债券存根簿。

无记名公司债券应在公司债券存根簿上载明债券总额、利率、偿还期限和方式、发行日期及债券的编号。无记名公司债券的转让由债券持有人将该债券交付给受让人后即发生转让的效力。

（2）按是否能够转换成公司股权划分。

按是否能够转换成公司股权，公司债券分为可转换债券与不可转换债券。

可转换债券是指债券持有者可以在规定的时间内按规定的价格转换为发债公司股票的一种债券。这种债券在发行时，对债券转换为股票的价格和比率等都做了详细规定。根据《中华人民共和国公司法》的规定，可转换债券的发行主体是股份有限公司中的上市公司。

不可转换债券是指不能转换为发债公司股票的债券，大多数公司债券都属于这种类型。

（3）按有无特定财产担保划分。

按有无特定财产担保，公司债券分为担保债券和信用债券。

担保债券是指以抵押方式担保发行人按期还本付息的债券，主要是指抵押债券。抵押债券按其抵押品的不同，又分为不动产抵押债券、动产抵押债券和证券信托抵押债券。

信用债券是无担保债券，是仅凭企业自身的信用发行的、没有抵押品进行抵押担保的债券。在企业清算时，信用债券的持有人因无特定的资产作为担保品，只能作为一般债权人参与剩余财产的分配。

3.发行公司债券的筹资特点

（1）一次筹资数额大。

利用发行公司债券筹资，能够筹集大额的资金，满足企业大规模筹资的需要。这是与银行借款、融资租赁等债务筹资方式相比，企业选择发行公司债券筹资的主要原因，大额筹资能够适应大型企业经营的需要。

（2）募集资金的使用限制条件少。

与银行借款相比，发行公司债券募集的资金在使用上相对具有灵活性和自主性，特别是发行公司债券所筹集的大额资金，能够用在流动性较差的公司长期资产上。从资金使用的性质来看，银行借款一般期限短，额度小，主要用于增加适量存货或增加小型设备等；发行公司债券期限较长、额度较大，用于满足规模扩张、增加大型固定资产和基本建设投资的需求。

（3）资本成本负担较高。

相对于银行借款筹资，发行公司债券的利息负担和筹资费用都比较高，且公司债券的期限长，利率相对固定。在预计市场利率持续上升的金融市场环境下，发行公司债券筹资能够锁定资本成本。

（4）提高企业的社会声誉。

国家对公司债券的发行主体有严格的资格限制，股份有限公司和有实力的有限责任公司一般会发行债券。通过发行公司债券，企业一方面筹集了大量资金，另一方面也扩大了企业的社会影响。

（三）融资租赁

租赁是以商品形态与货币形态相结合提供的信用活动，出租人在向企业出租资产的同时，解决了企业的资金需求，具有信用和贸易双重性质。它不同于一般的借钱还钱、借物还物的信用形式，而是借物还钱，并以分期支付租金的方式来体现。租赁的这一特点使银行信贷和财产信贷融合在一起，成为企业融资的一种特定形式。

融资租赁的筹资特点主要有以下几点。

（1）不需要大量资金就能迅速获得资产。

融资租赁集"融资"与"融物"于一身，融资租赁使企业在资金短缺的情况下引进设备成为可能，特别是对中小企业、新创企业而言，融资租赁是一条重要的融资途径。有时大型企业的大型设备、工具等固定资产，也需要通过融资租赁的方式取得。例如，商业航空公司的飞机大多是通过融资租赁取得的。

（2）融资租赁筹资的限制条件较少。

企业运用股票、债券、长期借款等筹资方式，都受到相当多的资格条件的限制，如足够的抵押品、银行贷款的信用标准、发行债券的政府管制等。相比之下，融资租赁筹资的限制条件很少。

（3）风险小，财务优势明显。

融资租赁与购买的一次性支出相比，能够避免一次性支付的负担，而且租金支出是未来的、分期的，企业无须一次筹集大量资金偿还。还款时，租金可以通过项目本身产生的收益来支付，是一种基于未来的"借鸡生蛋，卖蛋还钱"的筹资方式。

（4）能延长资金融通的期限。

通常为设备而贷款的借款期限比该资产的物理寿命要短得多，而融资租赁的融资期限却可接近其全部使用寿命期限，并且其金额随设备价款金额而定，无融资额度的限制。

（5）资本成本负担较高。

融资租赁的租金通常比银行借款或发行债券所负担的利息高，租金总额通常要高于设备价值的30%。尽管与借款方式相比，融资租赁能够避免到期一次性集中偿还的财务压力，但高额的固定租金也给各期的经营带来了负担。

（四）商业信用

商业信用是指在商品交易中由于延期付款或预收账款而形成的企业之间的借贷关系，是一种直接信用关系。商业信用产生于商品交换之中，是所谓的"自发性筹资"。它运用广泛，在短期负债筹资中占有相当大的比重。

1.商业信用的类型

（1）应付账款。

应付账款是企业购买货物延期付款形成的信用形式，信用期限一般不超过两个月。卖方常利用这种方式促销，而对买方来说，延期付款则等于借用资金购入货物，可以缓解短期的资金不足。应付账款是一种最典型、最常见的商业信用形式，尤其是小企业对商业信用的依赖更大，也是商业信用中的重点内容。

（2）预收账款。

预收账款是另外一种典型的商业信用形式。预收账款是卖方企业在交付货物之前要向买方预先收取部分或全部货款的信用形式。对于卖方来说，预收账款等于向买方借入一笔资金，然后用货物抵偿。通常，购买单位对于紧俏商品乐意采用这种形式，以便顺利获得所需商品。另外，生产周期长、售价高的商品，如轮船、飞机等，生产企业也经常向订货者分次预收款，以缓解资金占用过多的矛盾。

（3）应付票据。

应付票据是企业进行延期付款商品交易时反映债权债务关系的票据。对于买方来说，它是一种短期融资方式。商业汇票是一种期票，是反映应付账款和应收账款的书面证明，一般最长付款期限不超过6个月。应付票据可以带息，也可以不带息。

此外，企业在生产经营活动中往往还形成一些应付费用，如应付工资、应付福利费、应付利息、应交税费等。这些费用发生在前，支付在后，前清后欠，始终不断，也属于商业信用的范畴。值得说明的是，企业商业信用筹资属于企业短期筹资方式，但由于这些项目在企业经营过程中不断偿还的同时还不断发生，在企业持续经营期间始终保持一个稳定的数量，因此这些流动负债形成了企业一项长期稳定的资金来源，在西方财务管理中称为"视同自有资金"或"自发性负债"，按企业的长期资金来源对待。

2.商业信用筹资的特点

第一，筹资便利。利用商业信用筹措资金非常方便，限制条件较少，无须担保和抵押，不需要办理筹资手续，也没有附加条件，而且市场经济越发达，商业信用越普遍。

第二，筹资成本低。如果没有现金折扣或者企业不放弃现金折扣或使用不带息票据，则利用商业信用筹资的成本为零。

第三，商业信用的期限一般较短，如果企业取得现金折扣，则时间会更短。应付账款的付款期限一般短于2个月，应付票据的付款期限不超过6个月。

第四，如果放弃现金折扣，则要付出较高的资金成本。

（五）债务筹资的优缺点

1.债务筹资的优点

（1）筹资速度较快。

与股权筹资相比，债务筹资不需要经过复杂的审批手续和证券发行程序，如银行借款、融资租赁等，可以迅速地获得资金。

（2）筹资弹性较大。

通过发行股票等股权筹资，一方面需要经过严格的政府审批；另一方面从企业的角度出发，由于股权不能退还，股权资本在未来永久性地给企业带来了资本成本的负担。而利用债务筹资，可以根据企业的经营情况和财务状况，灵活地商定债务条件，控制筹资数量，安排取得资金的时间。

（3）资本成本负担较轻。

一般来说，债务筹资的资本成本要低于股权筹资。一是取得资金的手续费用等筹资费用较低；二是利息、租金等用资费用比股权资本要低；三是利息等资本成本可以在税前支付。

（4）可以利用财务杠杆。

债务筹资不改变公司的控制权，因而股东不会出于对控制权被稀释的担心而反对公司举债。债权人从企业那里只能获得固定的利息或者租金，不能参加公司剩余收益的分配。当企业的资本报酬率（息税前利润率）高于债务利率时，会增加普通股股东的每股收益，提高净资产报酬率，提升企业价值。

（5）稳定公司的控制权。

债权人无权参加企业的经营管理，利用债务筹资不会改变和分散股东对公司的控制权。在信息沟通与披露等公司治理方面，债务筹资的代理成本也较低。

2.债务筹资的缺点

（1）不能形成企业稳定的资本基础。

债务资本有固定的到期日，到期需要偿还，只能作为企业的补充性资本来源。再加上取得债务往往需要进行信用评级，所以，没有信用基础的企业和新创企业往往难以取得足额的债务资本。现有债务资本在企业的资本结构中达到一定比例后，往往由于财务风险而不容易再取得新的债务资金。

（2）财务风险较大。

债务资本有固定的到期日、固定的债息负担，通过抵押、质押等担保方式取得的债务资本，使用上可能会有特别的限制。这些都要求企业必须保证有一定的偿债能力，要保持资产流动性及资产报酬水平，作为债务清偿的保障，这对企业的财务状况提出了更高的要求，否则会给企业带来财务危机，甚至导致企业破产。

（3）筹资数额有限。

债务筹资的数额往往受到贷款机构资本实力的制约，除发行债券方式外，一般难以像发行股票那样一次筹集到大笔资金，无法满足公司大规模筹资的需要。

二、权益筹资

权益筹资形成企业的股权资金，是企业最基本的筹资方式。吸收直接投资、发行股票（普通股和优先股）和利用留存收益是权益筹资的三种基本形式。

（一）吸收直接投资

吸收直接投资是指企业按照共同投资、共同经营、共担风险、共享收益的原则，直接吸收国家、法人、个人和外商投入资金的一种筹资方式。吸收直接投资是非股份制企业筹集权益资本的基本方式，采用吸收直接投资方式的企业，资本不分为等额股份，无须公开发行股票。在吸收直接投资的实际出资额中，注册资本部分形成实收资本；超过注册资本的部分，属于资本溢价，形成资本公积。

1.吸收直接投资的种类

（1）吸收国家投资。

国家投资是指有权代表国家投资的政府部门或机构以国有资产投入公司，这种情况下形成的资本称为国有资本。根据《企业国有资本与财务管理暂行办法》的规定，在公司持续经营期间，以盈余公积、资本公积转增实收资本的，国有公司和国有独资公司由公司董事会或经理办公会决定，并报主管财政机关备案；股份有限公司和有限责任公司由董事会决定，并经股东大会审议通过。吸收国家投资一般具有三个特点：①产权归属国家；②资金的运用和处置受国家约束较大；③在国有企业中采用比较广泛。

（2）吸收法人投资。

法人单位以其依法可支配的资产投入公司，这种情况下形成的资本称为法人资本。吸收法人投资一般具有三个特点：①发生在法人单位之间；②以参与公司利润分配或控制为目的；③出资方式灵活多样。

（3）合资经营。

合资经营是指两个或者两个以上的不同国家的投资者共同投资，创办企业，并且共同经营、共担风险、共负盈亏、共享利益的一种直接投资方式。在我国，中外合资经营企业也称为股权式合营企业，它是外国公司、企业和其他经济组织或个人同中国的公司、企业或其他经济组织在中国境内共同投资创办的企业。

中外合资经营企业（合资企业）和中外合作经营企业（合作企业）都是中外双方共同出资、共同经营、共担风险和共负盈亏的企业。两者的主要区别在于：

第一，合作企业可以依法取得中国法人资格，也可以办成不具备法人条件的企业，而合资企业必须是法人；第二，合作企业属于契约式的合营，它不以合营各方投入的资本数额、股权作为利润分配的依据，而是通过签订合同具体规定各方的权利和义务，而合资企业属于股权式企业，即以投资比例作为确定合营各方权利和义务的依据；第三，合作企业在遵守国家法律的前提下，可以通过合作合同来约定收益或产品的分配以及风险和亏损的分担，而合资企业则是根据各方注册资本的比例进行分配。

（4）吸收社会公众投资。

社会公众投资是指社会个人或本公司职工以个人合法财产投入公司，这种情况下形成的资本称为个人资本。吸收社会公众投资一般具有三个特点：①参加投资的人员较多；②每人投资的数额相对较少；③以参与公司利润分配为目的。

2.吸收直接投资的程序

（1）确定筹资数量。

企业在新建或扩大经营时，要先确定资金的需要量。资金的需要量根据企业的生产经营规模和供销条件等来核定，筹资数量应当与资金需要量相适应。

（2）寻找投资单位。

企业既要广泛了解有关投资者的资信、财力和投资意向，又要通过信息交流和宣传，使出资方了解企业的经营能力、财务状况以及未来预期，以便于公司从中寻找最适合的合作伙伴。

（3）协商和签署投资协议。

找到合适的投资伙伴后，双方进行具体协商，确定出资数额、出资方式及出资时间。企业应尽可能吸收货币投资，如果投资方确有先进且适合需要的固定资产和无形资产，也可采取非货币资产投资方式。对实物投资、工业产权投资、土地使用权投资等非货币资产投资，双方应按公平合理的原则协商定价。当出资数额、资产作价确定后，双方签署投资的协议或合同，以明确双方的权利和责任。

（4）取得所筹集的资金。

签署投资协议后，企业应按规定或计划取得资金。如果采取现金投资方式，通常还要制订拨款计划，确定拨款期限、每期数额以及划拨方式，有时投资者还要规定拨款的用途，如把拨款区分为固定资产投资拨款、流动资金拨款、专项拨款等。如果是通过实物、工业产权、非专利技术等方式投资，那么如何准确地核实资产是个重要的问题。资产数量是否准确，特别是价格有无高估或低估情况，将关系到投资各方的经济利益，必须认真处理，必要时可聘请资产评估机构来评定，然后办理产权的转移手续取得资产。

3.吸收直接投资的筹资特点

（1）能够尽快形成生产能力。

吸收直接投资不仅可以取得一部分货币资金，而且能够直接获得所需的先进设备和技术，尽快形成生产经营能力。

（2）容易进行信息沟通。

吸收直接投资的投资者比较单一，股权没有社会化、分散化，投资者甚至会直接担任公司管理层职务，便于公司与投资者沟通。

（3）资本成本较高。

相对于股票筹资方式来说，吸收直接投资的资本成本较高。当企业经营较好、盈利较多时，投资者往往要求将大部分盈余作为红利分配，因为向投资者支付的报酬是按其出资数额和企业实现利润的比率来计算的。不过，吸收直接投资的手续相对比较简便，筹资费用较低。

（4）公司控制权集中，不利于公司治理。

采用吸收直接投资方式筹资，投资者一般都要求获得与投资数额相适应的经营管理权。如果某个投资者的投资额比例较高，则该投资者对企业的经营管理就会有相当大的控制权，容易损害其他投资者的利益。

（5）不利于进行产权交易。

吸收直接投资没有证券作为媒介，不利于产权交易，难以进行产权转让。

（二）发行普通股股票

股票是股份有限公司为筹措股权资本而发行的有价证券，是公司签发的证明股东持有公司股份的凭证。股票作为一种所有权凭证，代表着对发行公司净资产的所有权，只能由股份有限公司发行。

1.股票的特点

（1）永久性。

公司发行股票筹集的资金属于公司的长期自有资金，没有期限，无须归还。换言之，股东在购买股票之后，一般情况下不能要求发行企业退还股金。

（2）流通性。

股票作为一种有价证券，在资本市场上可以自由流通，也可以继承、赠送或作为抵押品。特别是上市公司发行的股票具有很强的变现能力，流通性很强。

（3）风险性。

由于股票的永久性，股东成了企业风险的主要承担者。风险的表现形式有：股票价格的波动性、红利的不确定性、破产清算时股东处于剩余财产分配的最后顺序等。

（4）参与性。

股东作为股份有限公司的所有者，拥有参与企业管理的权利，包括重大决策权、经营者选择权、财务监控权、公司经营的建议和质询权等。此外，股东还有承担有限责任、遵守公司章程等义务。

2.发行普通股股票的筹资特点

（1）两权分离，有利于公司自主经营管理。

通过对外发行股票筹资，公司的所有权与经营权相分离，分散了公司控制权，有利于公司自主管理、自主经营。普通股筹资的股东众多，公司日常经营管理事务主要由公司的董事会和经理层负责。但公司的控制权分散，公司容易被经理人控制。

（2）资本成本较高。

由于股票投资的风险较高，收益具有不确定性，投资者会要求较高的风险补偿，因此股票筹资的资本成本较高。

（3）能提高公司的社会声誉，促进股权流通和转让。

普通股筹资，股东的大众化为公司带来了广泛的社会影响。特别是上市公司，其股票的流通性强，有利于市场确认公司的价值。普通股筹资以股票为媒介，便于股权的流通和转让，从而吸收新的投资者。但是，流通性强的股票，也容易在资本市场上被恶意收购。

（4）不利于及时形成生产能力。

普通股筹资吸收的一般都是货币资金，还需要通过购置和建造形成生产经营能力。相对于吸收直接投资方式来说，不易及时形成生产能力。

（三）发行优先股股票

优先股是指股份有限公司发行的具有优先权利、相对优先于一般普通股的股份种类。在利润分配及剩余财产清偿分配的权利方面，优先股股东优先于普通股股东；但在参与公司决策管理等方面，优先股股东的权利受到限制。

1.优先股的基本性质

（1）约定股息。

相对于普通股而言，优先股的股利收益是事先约定的，也是相对固定的。由于优先股的股息率事先已经做了规定，因此优先股的股息一般不会根据公司经营情况变化，而且一般也不再参与公司普通股的利润分红。但优先股的固定股息率各年可以不同，另外，优先股也可以采用浮动股息率分配利润。公司章程中规定优先股采用固定股息率的，可以在优先股存续期内采取相同的固定股息率，或明确每年的固定股息率，各年度的股息率可以不同；公司章程中规定优先股采用浮动股息率的，应当明确优先股存续期内票面股息率的计算方法。

（2）权利优先。

优先股在年度利润分配和剩余财产清偿分配方面，具有比普通股优先的权利。优先股可以先于普通股获得股息，公司的可分配利润先分给优先股，剩余部分再分给普通股。在剩余财产方面，优先股的清偿顺序先于普通股而次于债权人。一旦公司清算，剩余财产先分给债权人，再分给优先股股东，最后分给普通股股东。

优先股的优先权利是相对于普通股而言的，与公司债权人不同，优先股股东不可以要求经营成果不佳而无法分配股利的公司支付固定股息，也不可以要求无法支付股息的公司进入破产程序，不能向人民法院提出企业重整或者破产清算申请。

（3）权利范围小。

优先股股东一般没有选举权和被选举权，对股份有限公司的重大经营事项无表决权。优先股股东仅在股东大会表决与优先股股东自身利益直接相关的特定事项时，具有有限表决权。例如，修改公司章程中与优先股股东利益相关的事项条款时，优先股股东有表决权。

2.优先股的筹资特点

优先股既像公司债券，又像公司股票，因此优先股筹资属于混合筹资，其筹资特点兼有债务筹资和股权筹资的性质。

（1）有利于丰富资本市场的投资结构。

优先股有利于为投资者提供多元化的投资渠道，增加固定收益型产品。看重现金红利的投资者可投资优先股，而希望分享公司经营成果的投资者则可以选择普通股。

（2）有利于股份有限公司股权资本结构的调整。

发行优先股是股份有限公司股权资本结构调整的重要方式。在公司资本结构调整中，既包括债务资本和股权资本的结构调整，也包括股权资本的内部结构调整。

（3）有利于保障普通股收益和控制权。

优先股的每股收益是固定的，但只要净利润增加并且高于优先股股息，普通股的每股收益就会上升。另外，优先股股东无表决权，因此不影响普通股股东对企业的控制权，也基本上不会稀释原普通股的权益。

（4）有利于降低公司财务风险。

优先股股利不是公司必须偿付的一项法定债务，如果公司财务状况恶化、经营成果不佳，这种股利可以不支付，从而相对降低了企业的财务负担。由于优先股没有规定最终到期日，故其实质上是一种永续性借款。优先股的收回由企业决定，企业可在有利条件下收回优先股，具有较强的灵活性。发行优先股，增加了权益资本，从而改善了公司的财务状况。对于高成长企业来说，承诺给优先股的股息与其成长性相比是比较低的。同时，发行优先股相当于发行无限期的债券，可以获得长期的低成本资金，但优先股不是负债而是权益资本，能够提高公司的资产质量。总之，从财务角度上看，优先股属于股债连接产品。作为资本，可以降低企业整体负债率；作为负债，可以增加长期资金来源，有利于公司的长久发展。

（5）可能给股份有限公司带来一定的财务压力。

首先是资本成本相对于债务较高，主要是由于优先股股息不能抵减所得税，而债息可以抵减所得税，这是利用优先股筹资的最大不利因素。其次是股利支付相对于普通股而言具有固定性。对固定股息率优先股、强制分红优先股、可累积优先股而言，股利支付的固定性可能会成为企业的一项财务负担。

（四）利用留存收益

1.留存收益的性质

从性质上看，企业通过合法有效的经营所实现的税后净利润，都属于企业的所有者。因此，属于所有者的利润包括分配给所有者的利润和尚未分配留存于企业的利润。

企业将本年度的利润部分甚至全部留存下来的原因有很多，主要包括以下三点。一是收益的确认和计量是建立在权责发生制基础上的，企业有利润，但不一定有相应的现金净流量增加，因而企业不一定有足够的现金将利润全部或部分分配给所有者。二是法律法规从保护债权人利益和要求企业可持续发展等角度出发，限制企业将利润全部分配出去。三是企业基于自身的扩大再生产和筹资需求，也会将一部分利润留存下来。

2.留存收益的筹资途径

（1）提取盈余公积金。

盈余公积金是指有指定用途的留存净利润，其提取基数是抵减年初累计亏损后的本年度净利润。盈余公积金主要用于企业未来的经营发展，经投资者审议后也可以用于转增股本（实收资本）和弥补以前年度的经营亏损。盈余公积金不得用于以后年度的对外利润分配。

（2）未分配利润。

未分配利润是指未限定用途的留存净利润。未分配利润有两层含义：一是这部分净利润本年没有分配给公司的股东投资者；二是这部分净利润未指定用途，可以用于企业未来的经营发展、转增股本（实收资本）、弥补以前年度的经营亏损、以后年度的利润分配。

（3）留存收益的筹资特点。

①不发生筹资费用。

与普通股筹资等从外界筹集长期资本的方式相比，留存收益筹资不需要发生筹资费用，资本成本较低。

②维持公司的控制权分布。

利用留存收益筹资，不用对外发行新股或吸收新投资者，由此增加的权益资本不会改变公司的股权结构，不会稀释原有股东的控制权。

③筹资数额有限。

当期留存收益的最大数额是当期的净利润，不像外部筹资一样可以一次性筹集大量资金。如果企业发生亏损，则当年没有利润留存；另外，股东和投资者从自身期望出发，往往希望企业每年发放一定股利，保持一定的利润分配比例，这些都会影响筹资数额。

第三节　财务投资管理

一、企业投资的意义

（一）投资是企业生存与发展的基本前提

企业的生产经营就是企业资产的运用和资产形态的转换过程。投资是一种资本性支出的行为，通过投资支出，企业购建流动资产和长期资产，形成生产条件和生产能力。实际上，不论是新建一个企业还是建造一条生产流水线，都是一种投资行为。通过投资确立企业的经营方向，配置企业的各类资产，并将它们有机地结合起来，才能形成企业的综合生产经营能力。

（二）投资是获取利润的基本前提

企业投资的目的，是要通过预先垫付一定数量的货币或实物形态的资本，购建和配置形成企业的各类资产，从事某类经营活动，获取未来的经济利益。通过投资形成生产经营能力，企业才能开展具体的经营活动，获取经营利润。那些以购买股票、债券等有价证券方式对其他单位的投资，可以通过取得股利或者债息来获取投资收益，也可以通过转让证券来获取资本利得。

（三）投资是企业风险控制的重要手段

企业经营面临着各种风险，有来自市场竞争的风险，有资金周转的风险，还有原材料涨价、费用居高不下等成本风险。投资是企业控制风险的重要手段，通过投资可以将资金投向企业生产经营的薄弱环节，使企业的生产经营能力配套、平衡、协调。通过投资，可以实现多元化经营，将资金投放于经营相关程度较低的不同产品或不同行业，分散风险，稳定收益来源，降低资产的流动性风险和变现风险，增强资产的安全性。

二、企业投资管理的特点

企业投资涉及的资金多，经历的时间长，对企业未来的财务状况和经营活动都有较大的影响。与日常经营活动相比，企业投资的主要特点表现在以下三个方面。

（一）属于企业的战略性决策

企业的投资活动一般涉及企业未来的经营发展方向、生产能力、规模等方面，如厂房设备的更新与新建、新产品的研制与开发、对其他企业的股权控制等。企业投资主要涉及劳动资料要素方面，包括生产经营所需要的固定资产的购建、无形资产的获取等。企业投资的对象也可能是生产要素综合体，即对另一个企业股权的取得和控制。这些投资活动直接影响本企业未来的经营发展规模和方向，是企业简单再生产得以顺利进行并实现扩大再生产的前提条件。

（二）属于企业的非程序化管理

首先，企业的投资项目涉及资金数额较大，这些项目的管理不仅是一个投资问题，还涉及资金筹集问题。特别是对于设备和生产能力的购建、对其他关联企业的并购等，需要大量资金，对于一个产品制造或者商品流通的实体性企业来说，这种筹资和投资不会经常发生。其次，企业的投资项目影响时间较长，这些投资项目实施后将形成企业的生产条件和生产能力，其使用期限长，将在企业多个经营周期内直接发挥作用，也将间接影响日常经营活动中流动资产的配置与分布。最后，投资经济活动具有一次性和独特性的特点，投资管理属于非程序化管理，每次投资的背景、特点、要求等可能都不一样，无明显的规律可遵循，管理时更需要周密思考，慎重考虑。

（三）投资价值的波动性大

投资项目的价值，是由投资标的物资产内在获利能力决定的。这些标的物资产的形态是不断转换的，未来收益的获得具有较强的不确定性，其价值也具有较强的波动性。同时，各种外部因素，如市场利率、物价等的变化，也时刻影响着投资标的物资产价值。因此，企业确定投资管理决策时，要充分考虑投资项目的时间价值和风险价值。

三、企业投资的分类

将企业投资进行科学分类，有利于分清投资的性质，按不同特点和要求进行投资决策，加强投资管理。

（一）直接投资和间接投资

按投资活动与企业本身生产经营活动的关系，企业投资可以划分为直接投资和间接投资。直接投资是指将资金直接投放于形成生产经营能力的实体性资产，直接谋取经营利润的企业投资，通过直接投资，购买并配置劳动力、劳动资料和劳动对象等具体生产要素，开展生产经营活动。间接投资是指将资金投放于股票、债券等权益性资产上的企业投资。间接投资方不直接介入具体生产经营过程，而是通过股票、债券上所约定的收益分配权利，获取股利或利息收入，分享直接投资的经营利润。

（二）项目投资和证券投资

按投资对象的存在形态和性质，企业投资可以划分为项目投资和证券投资。

企业可以通过投资购买具有实质内涵的经营资产，包括有形资产和无形资产，形成具体的生产经营能力，开展实质性的生产经营活动，谋取经营利润，这类投资称为项目投资。项目投资的目的在于改善生产条件，提高生产能力，以获取更多的经营利润。企业可以通过投资购买证券资产，通过证券资产上所赋予的权利，间接控制被投资企业的生产经营活动，获取投资收益，这类投资称为证券投资，即购买属于综合生产要素的权益性资产的企业投资。

（三）对内投资与对外投资

按投资活动资金投出的方向，企业投资可以划分为对内投资和对外投资。对内投资是指在本企业范围内部的资金投放，用于购买和配置各种生产经营所需的经营性资产。对外投资是指向本企业范围以外的其他单位的资金投放。

四、企业投资管理的原则

投资管理程序包括投资计划制订、可行性分析、实施过程控制和投资后评价等。为了适应投资项目的特点和要求，实现投资管理的目标，做出合理的投资决策，需要制定投资管理的基本原则，保证投资活动的顺利进行。

（一）可行性分析原则

项目投资一般所需金额大，资金占用时间长，投资后具有不可逆转性，对企业的财务状况和经营前景影响深远。因此，在投资决策之时，必须建立严密的投资决策程序，进行科学的可行性分析。投资项目可行性分析是投资管理的重要组成部分，其主要任务是对投资项目实施的可行性进行科学的论证，主要包括环境可行性、技术可行性、市场可行性、财务可行性等方面。项目可行性分析将对项目实施后未来的运行和发展前景进行预测，通过定性分析和定量分析比较项目的优劣，为投资决策提供参考。

（二）结构平衡原则

一个投资项目的管理就是综合管理。资金既要投放于主要生产设备，又要投放于辅助设备，既要满足长期资产的需要，又要满足流动资产的需要。投资项目在投放资金时，要遵循结构平衡原则，合理分配资金，具体包括固定资金与流动资金的配套关系、生产能力与经营规模的平衡关系、资金来源与资金运用的匹配关系、投资进度和资金供应的协调关系、流动资产内部的资产结构关系、发展性投资与维持性投资的配合关系、对内投资与对外投资的顺序关系等。投资项目在实施后，资金就较长期地固化在具体项目上，退出或转向都不容易。只有遵循结构平衡原则，投资项目实施后才能顺利进行，才能避免资源的闲置和浪费。

（三）动态监控原则

投资的动态监控是指对投资项目实施过程中进程的控制，特别是对于那些工程量大、工期长的建造项目来说，具体的投资过程需要按工程预算实施，有效地进行动态投资控制。对于间接投资而言，投资前首先要认真分析投资对象的投资价值，根据风险与收益均衡原则合理选择投资对象。在持有金融资产的过程中，要广泛收集投资对象和资本市场的相关信息，全面了解被投资单位的财务状况和经营成果，保护自身的投资权益。

五、项目投资管理

项目投资是指将资金直接投放于生产经营实体性资产，以形成生产能力，如购置设备、建造工厂、修建设施等。项目投资一般是企业的对内投资，也包括以实体性资产投资于其他企业的对外投资。

（一）独立投资方案的决策

独立投资方案是指两个或两个以上项目互不依赖，可以同时并存，各方案的决策也是独立的。独立投资方案的决策属于筛分决策，评价各方案本身是否可行，即方案本身是否达到某种要求的可行性标准。独立投资方案之间比较时，决策要解决的问题是如何确定各种可行方案的投资顺序，即各独立投资方案之间的优先次序。排序分析时，以各独立方案的获利程度为评价标准，一般采用内含报酬率法进行比较决策。

（二）互斥投资方案的决策

互斥方案是指在投资决策时，涉及多个互相排斥的方案，即一组方案中各个方案彼此可以相互代替，采纳方案组中的某一方案就会自动排斥这组方案中的其他方案。因此，互斥方案具有排他性。例如，某一块土地是用于建住宅商品房还是用于建写字楼就属于互斥项目。

对互斥项目进行投资决策分析就是指在每个方案已具有财务可行性的前提下，利用具体决策方法在两个或两个以上互相排斥的待选项目之间进行比较，区分它们的优劣，从而选择出最优的投资方案。

由于各个备选方案投资额的项目计算期不一致，因而要根据各个方案的有效期、投资额采取不同的方法进行选择。

1.互斥方案的投资额、项目计算期均相等

若互斥方案的投资额、项目计算期均相等，则可采用净现值法或内含报酬率法进行决策分析。所谓净现值法，是指通过比较互斥方案的净现值大小来选择最优方案的方法。所谓内含报酬率法，是指通过比较互斥方案的内含报酬率的大小来选择最优方案的方法。净现值或内含报酬率最大的方案为最优方案。

2.互斥方案的投资额不相等，但项目计算期相等

此时可采用差额法进行决策分析。所谓差额法，是指在两个投资额不同方案的差额现金净流量（记作$\triangle NCF$）的基础上，计算出差额净现值（记作$\triangle NPV$）或差额内含报酬率（记作$\triangle IRR$），并据以判断方案孰优孰劣的方法。

在此方法下，一般以投资额大的方案减投资额小的方案，当$\triangle NPV \geqslant 0$，或$\triangle IRR \geqslant 1$时，投资额大的方案为优；反之，则投资额小的方案为优。

差额净现值（$\triangle NPV$）或差额内含报酬率（$\triangle IRR$）的计算过程和计算技巧，同净现值（NPV或内含报酬率IRR）完全一样，只是依据的是$\triangle NCF$。

3.互斥方案的投资额不相等，项目计算期也不相同

此时可采用年回收额法。所谓年回收额法，是指通过比较所有投资方案的年等额净现值指标的大小来选择最优方案的决策方法。在此方法下，年净现值最大的方案为优。

（三）固定资产更新决策

在实际工作中，有些投资方案不能单独计算盈亏，或者投资方案的收入相同或收入基本相同且难以具体计算，如固定资产更新决策。固定资产更新是指对技术上或经济上不宜继续使用的旧资产，用新的资产更换，或用先进的技术对原有设备进行局部改造。固定资产更新决策主要研究两个问题：一个是决定是否更新；另一个是决定选择什么样的资产来进行更新。

1.更新决策的现金流量分析

更新决策不同于一般的投资决策，通常，设备更换并不能改变企业的生产能力，不增加企业的现金流入，主要是现金流出，这就给采用贴现现金流量分析带来了困难。因此，较好的分析方法是比较继续使用和更新的年成本，把相对较低的作为最优方案。

2.固定资产的平均年成本

固定资产的平均年成本是指该资产引起的现金流出的年平均值。如果不考虑资金的时间价值，则它是未来使用年限内的现金流出总额与使用年限的比值。如果考虑资金的时间价值，则它是未来使用年限内现金流出总现值与年金现值系数的比值，即平均每年的现金流出。由于固定资产的更新决策是一项投资决策，涉及的时间较长，在评价方案优劣时必须考虑资金的时间价值因素，因此在对固定

资产的更新决策进行评价时使用的平均年成本通常是指考虑了时间价值的平均年成本。

在使用平均年成本法时要注意两点：一是平均年成本法是把继续使用旧设备和购置新设备看成两个互斥的方案，而不是一个更换设备的特定方案，因此不能将旧设备的变现价值作为购置新设备的一项现金流入；二是平均年成本法的假设前提是将来设备再更换时，可以按原来的平均年成本找到可代替的设备。

六、证券投资管理

证券市场投资是将资金用于购买股票、债券基金等金融资产。它属于间接投资，是企业对外投资的一种重要形式。投资者将资金投向股票、债券等各种有价证券，目的之一是通过买卖证券来获取相应的收益。然而，正如其他投资一样，证券投资也具有很大的风险，因而投资者要通过证券价值分析进行投资决策，力求使投资风险与投资收益达到均衡。证券投资不仅可以获得投资收益，还可以达到以小控大、分散风险的目的。随着我国证券市场的发展和完善，投资品种将日益增多，证券投资管理已成为财务管理的一项重要内容。

（一）证券投资的含义和种类

1.证券投资的含义

证券投资是指以国家或外单位公开发行的有价证券为购买对象的投资行为，它是企业投资的重要组成部分，是企业、个人或其他社会组织买卖有价证券的经济行为。这里所研究的仅限于企业的证券投资事务。

2.证券投资的种类

证券投资是多种多样的，按不同标准可对其进行不同的分类。下面根据证券投资的对象，将证券投资分为债券投资、股票投资和组合投资三类。

（1）债券投资。

债券投资是指企业将资金投向各种各样的债券，例如企业购买国库券、公司债券和短期融资券等。与股票投资相比，债券投资能获得稳定收益，投资风险较低。但也应该看到投资于一些期限长、信用等级低的债券也会承担较大风险。

（2）股票投资。

股票投资是指企业将资金投向其他企业所发行的股票。将资金投向优先股、普通股都属于股票投资。企业投资于股票，尤其是投资于普通股票，要承担较大风险，但在通常情况下，也会取得较高收益。

（3）组合投资。

组合投资又称证券投资组合，是指企业将资金同时投资于多种证券，例如，既投资于国库券又投资于企业债券，还投资于企业股票。组合投资可以有效地分散证券投资风险，是企业等法人单位进行证券投资时常用的投资方式。

（二）证券投资的目的

科学地进行证券投资管理，能增加企业投资收益，降低风险，有利于财务管理目标的实现。企业进行证券投资的目的主要有以下几个方面。

1.暂时存放闲置资金

企业一般都持有一定量的有价证券，以替代大量的非营利性的现金余额，并在现金流出超过现金流入时，将有价证券出售，增加现金流入。短期证券的投资在多数情况下都是出于预防的动机，因为大多数企业都依赖银行信用来应付短期交易对现金的需要，但银行信用有时是不可靠的或不稳定的。因此，必须持有有价证券以防银行信用的短缺。

2.与筹集长期资金相配合

处于成长期或扩张期的公司一般每隔一段时间就会发行长期证券（股票或公司债券）。但发行长期证券所获得的资金一般不一次性用完，而是逐渐、分次使用。这样，暂时不用的资金可投资于有价证券，以获取一定的收益，而当企业进行投资需要资金时，则可卖出有价证券，获得现金。

3.满足未来的财务需求或季节性经营的需求

假如企业在未来有一笔现金需求，如建一座厂房或归还到期债务，则将现有现金投资于有价证券，以便将来出售时满足所需要的资金。而从事季节性经营的公司在一年内的某些月份会有剩余现金，而在另外几个月则会出现现金短缺的现象，这些公司通常在现金有剩余时购入有价证券，而在现金短缺时出售有价证券。

4.获得对相关企业的控制权

有些企业往往从战略上考虑要控制另外一些企业，这一般可以通过股票投资来实现。例如，一家汽车制造企业欲控制一家钢铁企业以便获得稳定的材料供应，这时便可动用一定资金来购买钢铁企业的股票，直到其所拥有的股权能控制这家钢铁企业为止。

（三）证券投资的风险

由于证券资产的市价波动频繁，故证券投资的风险较大。获取投资收益是证券投资的主要目的。证券投资的风险可能使投资者无法获得预期的投资收益，分为系统性风险和非系统风险两大类。

1.系统性风险

证券资产的系统性风险，是指由于外部经济环境因素变化引起整个资本市场不确定性加强，从而对所有证券都产生影响的共同性风险。系统性风险影响到资本市场上所有的证券，无法通过投资多元化的组合来避免，因此也称为不可分散风险。

系统性风险波及所有证券资产，最终会反映在资本市场平均利率的提高上。所有的系统性风险几乎都可以归结为利率风险。利率风险是由于市场利率变动引起证券资产价值变化的可能性。市场利率反映了社会平均报酬率，投资者对证券资产投资报酬率的预期总是在市场利率基础上进行的，只有证券资产投资报酬率大于市场利率时，证券资产的价值才会高于其市场价格。一旦市场利率提高，就会引起证券资产价值的下降，投资者就不易得到超过社会平均报酬率的超额报酬。市场利率的变动会造成证券资产价格的波动，两者呈反向变化：市场利率上升，证券资产价格下跌；市场利率下降，证券资产价格上升。系统性风险主要由价格风险、再投资风险和购买力风险构成。

2.非系统性风险

证券资产的非系统性风险，是指由特定经营环境或特定事件变化引起的不确定性，从而对个别证券资产产生影响的特有风险。非系统性风险源于每个企业自身特有的营业活动和财务活动，与某一具体的证券有关，同整个证券市场无关。非系统性风险又称为可分散风险，可以通过持有证券的多样化来抵消。证券的非系统性风险具体包括履约风险、变现风险和破产风险等几种类型。

非系统性风险是企业特有的风险。从企业内部管理的角度考察，企业特有风险的主要表现形式是企业的经营风险和财务风险。从企业外部的证券市场投资者的角度考察，无法明确区分企业的经营风险和财务风险的特征。企业特有的风险是以履约风险、变现风险和破产风险等形式表现出来的。

第三章　财务收益分配与营运资金管理

第一节　收益分配管理的内涵

一、收益分配管理的含义

收益分配管理是对企业收益分配的主要活动及其形成的财务关系的组织与调节，是企业将一定时期内所创造的经营成果合理地在企业内、外部各利益相关者之间进行有效分配的过程。企业通过经营活动取得收入后，要按照补偿成本、缴纳所得税、提取公积金、向投资者分配利润等顺序进行收益分配。对于企业来说，收益分配不仅是资产保值、保证简单再生产的手段，也是资产增值、实现扩大再生产的工具。收益分配可以满足国家政治职能与组织经济职能的需要，是处理所有者、经营者等各方面经济利益关系的基本手段。

二、收益分配的原则

收益分配作为一项重要的财务活动，应当遵循以下原则。

（一）依法分配原则

为了规范企业的收益分配行为，维护各利益相关者的合法权益，国家颁布了相关法规。这些法规规定了企业收益分配的基本要求、一般程序和重要比例。企业的收益分配必须依法进行，这是正确处理企业各项财务关系的关键。

（二）分配与积累并重原则

企业的收益分配，要正确处理长期利益和短期利益的关系，坚持分配与积累并重。企业除了按规定提取法定盈余公积金以外，可适当留存一部分利润作为积累，这部分未分配利润仍归企业所有者所有。这部分积累的净利润不仅可以为企业扩大生产筹措资金，增强企业发展能力和抵抗风险的能力，同时，还可以供未来年度进行分配，起到以丰补歉、平抑收益分配数额波动、稳定投资报酬率的作用。

（三）兼顾各方面利益原则

企业是经济社会的基本单元，企业的收益分配直接关系到各方的切身利益。

企业除了依法纳税外，投资者作为资本投入者、企业的所有者，依法享有净收益的分配权。企业的债权人和员工的长期利益也应该得到保护。因此，企业进行收益分配时，应当统筹兼顾，维护各利益相关者的合法权益。

（四）投资与收益对等原则

企业收益分配应当体现"谁投资谁受益"、收益大小与投资比例相匹配，即投资与收益对等的原则，这是正确处理企业与投资者利益关系的立足点。投资者因投资行为，凭借出资额依法享有收益分配权，这就要求企业在向投资者分配利润时，要遵守公开、公平、公正的三公原则，不搞幕后交易，不帮助大股东侵蚀小股东利益，一视同仁地对待所有投资者，任何人不得以在企业中的特殊地位牟取私利，这样才能从根本上保护投资者的利益。

三、收益分配的程序

按照《中华人民共和国公司法》的有关规定，企业应当按照如下程序进行利润分配。

（一）弥补以前年度亏损，但不得超过税法规定的弥补期限

根据《中华人民共和国企业所得税法》（以下简称《企业所得税法》）的有关规定：企业发生的年度亏损可以用下一年度的税前利润等弥补，下一年度利润不足弥补的，可以在5年内延续弥补。5年内不足弥补的，改用企业的税后利润弥补，也可以用以前年度提取的盈余公积金弥补。企业以前年度亏损未弥补完，不得提取法定盈余公积金。在提取法定盈余公积金前，不得向投资者分配利润。

（二）缴纳所得税

企业所得税是对我国境内的企业和其他取得收入的组织的生产经营所得和其他所得征收的所得税。它按年计征，分期预缴。企业必须严格执行《企业所得税法》的规定，正确计算和缴纳企业所得税。

（三）税后弥补亏损

如果企业的亏损数额较大，用税前利润在5年的期限内弥补不完（即超过5年仍然不能弥补的亏损），就应由企业的税后利润弥补。

（四）提取法定公积金

根据《中华人民共和国公司法》的规定，企业应按当年税后利润（弥补亏损后）的10%提取法定公积金，当法定公积金累计达到注册资本的50%以后，可以不再提取。法定公积金主要用于弥补亏损、转增资本和在企业亏损年度经股东会

特别决议后按规定分配股利。用法定公积金转增资本或分配股利后，余额不得低于注册资本的25%。提取法定公积金的目的是增加企业内部积累，以利于企业扩大再生产。

（五）提取任意公积金

经股东会或股东大会决议，企业还可以从税后利润中提取任意公积金，其用途和法定公积金相同。

（六）向投资者分配利润

根据《中华人民共和国公司法》的规定，企业弥补亏损和提取公积金所余税后利润，可以向股东（投资者）分配股利（利润）。其中，有限责任公司股东按照实缴的出资比例分取红利，全体股东约定不按照出资比例分取红利的除外；股份有限公司按照股东持有的股份比例分配，但股份有限公司章程规定不按持股比例分配的除外。

第二节 股利分配与股票分割

一、股利分配政策

股利分配政策是指在法律允许的范围内，企业是否发放股利、发放多少股利以及何时发放股利等方面的方针和对策。股利政策是现代公司理财活动的核心内容之一。一方面，它是公司筹资、投资活动的逻辑延续，是其理财行为的必然结果；另一方面，恰当的股利分配政策，不仅可以树立起良好的公司形象，而且能激发广大投资者对公司持续投资的热情，从而使公司获得长期、稳定的发展条件和机会。

企业在不同成长和发展环境应采取相适应的股利政策，具体如表3-1所示。

表3-1 企业股利分配政策的选择

企业发展阶段	特 点	适用的股利政策
初创阶段	经营风险高，有很强的投资需求但融资能力偏差	剩余股利政策
快速发展阶段	企业快速发展，需要大规模投资	低正常股利加额外股利政策
稳定增长阶段	企业业务稳定增长，市场竞争力增强，行业地位已经巩固，投资需求减少，净现金流入量稳步增长，每股收益呈上升态势	固定或稳定增长的股利政策

企业发展阶段	特　点	适用的股利政策
成熟阶段	产品市场趋于饱和，企业盈利水平保持稳定，通常已积累了相当的盈余和资金	固定股利支付率政策
衰退阶段	企业业务逐渐减少，获利能力、现金获取能力和股利支付能力逐渐下降	剩余股利政策

（一）剩余股利分配政策

剩余股利分配政策是指公司生产经营所获得的净利润首先应满足公司的资金需求，如果还有剩余，则分配股利；如果没有剩余，则不分配股利。具体来说，就是公司在有良好的投资机会时，根据目标资本结构测算出投资所需的权益资金，先从盈余中留用，然后将剩余的盈余作为股利来分配。因此，采用剩余股利分配政策时，公司要遵循如下四个步骤：

第一，设定目标资本结构，在此资本结构下，公司的加权平均资金成本将达到最低水平。

第二，确定公司的最佳资本预算，并根据公司的目标资本结构预计资金需求中所需增加的权益资本数额。

第三，最大限度地使用留存收益来满足资金需求中所需增加的权益资本数额。

第四，留存收益在满足公司权益资本增加需求后，如果有剩余再用来发放股利。

1.剩余股利分配政策的优点

留存收益优先保证再投资的需要，从而有助于降低再投资的资金成本，保持最佳的资本结构，实现企业价值的长期最大化。

2.剩余股利分配政策的缺点

如果完全遵照执行剩余股利分配政策，那么股利发放额就会每年随着投资机会和盈利水平的波动而波动。剩余股利分配政策不利于投资者安排收入与支出，也不利于公司树立良好的形象，一般适用于公司初创阶段。

（二）固定或稳定增长的股利政策

固定或稳定增长的股利政策是指公司将每年派发的股利额固定在某一特定水平，或是在此基础上维持某一固定比率逐年稳定增长。公司一般只有在确信未来盈利增长不会发生逆转时，才会宣布实施固定或稳定增长的股利政策。在这一政策下，应首先确定股利分配额，而且该分配额一般不随资金需求的波动而波动。

1.固定或稳定增长的股利政策的优点

第一，稳定的股利向市场传递着公司经营状况稳定、管理层对未来充满信心的信号，这有利于公司树立良好的形象，增强投资者对公司的信心，稳定公司股票的价格。

第二，有利于吸引那些打算作长期投资的股东。这部分股东希望其投资的获利能够成为其稳定的收入来源，以便安排各种经常性的消费和其他支出。

2.固定或稳定增长的股利政策的缺点

股利支付与公司盈利相脱节，即无论公司盈利多少，均要支付固定的或按固定比率增长的股利，这可能导致公司资金紧缺，财务状况恶化；甚至在公司出现经营状况不好或短暂的困难时期，如仍然执行固定或稳定增长的股利政策，那么派发的股利金额大于公司实现的盈利，必将侵蚀公司的留存收益，影响公司现有的资本，给公司的财务运作带来较大压力，最终影响公司正常的生产经营活动。

（三）固定股利支付率政策

固定股利支付率政策是指公司将每年净收益的某一固定百分比作为股利分派给股东。这一百分比通常称为股利支付率。股利支付率一经确定，一般不得随意变更。在这一股利政策下，只要公司的税后利润一经计算确定，所派发的股利也就相应确定了。

1.固定股利支付率政策的优点

股利与公司盈余紧密地结合，体现了"多盈多分、少盈少分、不盈不分"的股利分配原则。持这种分配政策的公司认为，公司的获利能力在年度间是经常变动的，因此每年的股利也应当随着公司收益的变动而变动，并保持分配与留存收益间的一定比例关系。采用固定股利支付率政策，公司每年按固定的比例从税后利润中支付现金股利，从企业支付能力的角度看，这是一种稳定的股利政策。

2.固定股利支付率政策的缺点

由于公司盈利的变动，股利也会随之波动，而波动的股利向市场传递的信息就是公司未来收益前景不明确、不可靠等，很容易给投资者留下公司经营状况不稳定、投资风险较大的不良印象；另外，如果公司现金流量状况不太好，却还要按固定比率支付股利的话，就很容易给公司带来较大的财务压力。

（四）低正常股利加额外股利政策

低正常股利加额外股利政策，是指公司先设定一个比较低的正常股利额，每年除了向股东发放正常的股利额外，根据公司的实际盈利状况再增加额外的股利。

1.低正常股利加额外股利政策的优点

该政策赋予公司一定的灵活性，使公司在股利发放上有较大的财务弹性，有利于稳定股价，增强投资者信心；此政策既吸收了固定股利政策对股东保障的优点，同时又使公司不遭遇大的财务压力。

2.低正常股利加额外股利政策的缺点

不同年份盈利的波动使得额外股利不断变化，时有时无，造成分派的股利每年不同，容易给投资者造成收益不稳定的感觉；当公司在较长时间持续发放额外股利时，可能会被股东认为是"正常股利"，而一旦取消了额外股利，向股东传递的可能是公司财务状况恶化的信号，进而引起股票价格下跌。

二、影响股利分配政策的因素

企业分配股利并不是毫无限制，总是受到一些因素的影响。一般认为，影响企业股利分配政策的因素主要有法律因素、企业因素、股东意愿及其他因素。

（一）法律因素

为了保护债权人、投资者和国家的利益，有关法规对企业的股利分配有如下限制：

1.资本保全限制

资本保全限制规定，企业不能用资本发放股利。如我国法律规定：资本公积只能转增股本，不能分派现金股利；盈余公积主要用于弥补亏损和转增股本，一般情况下不得用于向投资者分配利润或现金股利。

2.资本积累限制

资本积累限制规定，企业必须按税后利润的一定比例提取法定公积金。企业当年出现亏损时，一般不得给投资者分配利润。

3.偿债能力限制

偿债能力限制是指企业按时足额偿付各种到期债务的能力。如果企业已经无力偿付到期债务或支付股利将使其失去偿债能力，则企业不能支付现金股利。

（二）企业因素

企业资金的灵活周转，是企业生产经营得以正常进行的必要条件。因此企业长期发展和短期经营活动对现金的需求，便成为对股利最重要的限制因素。其相关因素主要有以下几点。

1.资产的流动性

企业现金股利的分配，应以一定资产的流动性为前提。企业的资产流动性越好，说明其变现能力越强，股利支付能力也就越强。高速成长的盈利型企业，其资产可能缺乏流动性，因为它们的大部分资金投资在固定资产和永久性流动资产上了。这类企业当期利润虽然多，但资产变现能力差，企业的股利支付能力就会被削弱。

2.投资机会

有着良好投资机会的企业需要有强大的资金支持，因而往往少发现金股利，将大部分盈余留存下来进行再投资；缺乏良好投资机会的企业，保留大量盈余的结果必然是大量资金闲置，于是倾向于支付较高的现金股利。所以，处于成长中的企业，因一般具有较多的良好投资机会而多采取低股利政策；许多处于经营收缩期的企业，则因缺少良好的投资机会而多采取高股利政策。

3.筹资能力

如果企业筹资能力很强，那么在决定股利支付数额时有较大选择余地。如果筹资能力有限，应尽量减少现金股利支付，而将利润更多地留存在企业作为留存收益。

4.盈利的稳定性

盈利相对稳定的企业有可能支付较高股利，而盈利不稳定的企业一般采用低股利政策。这是因为，对于盈利不稳定的企业，低股利政策可以减少因盈利下降而造成的股利无法支付、企业形象受损、股价急剧下降的风险，还可以将更多的盈利用于再投资，以提高企业的权益资本比重，减少财务风险。

5.资本成本

留存收益是企业内部筹资的一种重要方式，同发行新股或债务筹资相比，不但筹资成本较低，而且具有很强的隐蔽性。如果企业大量发放现金股利造成生产经营资金不足，往往需要通过债务或者发行新股的形式从外部筹集资金，这从成本角度考虑对企业不利。因此如果企业扩大规模，需要增加权益资本时，不妨采取低股利政策。

（三）股东意愿

股东在避税、规避风险、稳定收入和股权稀释等方面的意愿，也会对企业的股利政策产生影响。毫无疑问，企业的股利政策不可能使每个股东满意，企业制定股利政策的目的在于，对绝大多数股东的财富产生有利影响。

1.避税

企业的股利政策受到股东的所得税税负影响。在我国，由于现金股利收入的税率是20%，而股票交易尚未征收资本利得税，因此，低股利支付政策可以避免股东缴纳高额个人所得税，如果股东需要现金时，可以通过出售股票的形式取得，从而带来纳税上的好处。

2.规避风险

在一部分投资者看来，股利的风险小于资本利得的风险，当期股利的支付消除了投资者心中的不确定性。因此，他们往往会要求企业支付较多的股利，从而减少股东投资风险。

3.稳定收入

如果一个企业绝大部分股东属于低收入阶层以及养老基金等机构投资者，他们需要企业发放现金股利来维持生活或用于发放养老金等，那么他们就会特别关注现金股利，尤其是稳定的现金股利发放。

4.股权稀释

高股利支付率会导致现有股东股权和盈利的稀释，如果企业支付大量现金股利，然后再发行新的普通股以融通所需资金，那么现有股东的控制权就有可能被稀释。另外，随着新普通股的发行，流通在外的普通股股数增加，最终将导致普通股的每股盈利和每股市价的下降，对现有股东产生不利影响。

（四）其他因素

影响股利政策的其他因素主要包括债务合同约束、机构投资者的投资限制以及通货膨胀等。

1.债务合同约束

企业的债务合同特别是长期债务合同，往往有限制企业现金股利支付的条款，这使得企业只能采用低股利政策。

2.机构投资者的投资限制

机构投资者往往更倾向于投资发放稳定股利的公司。如果某种股票连续几年不支付股利或所支付的股利金额起伏较大，则该股票一般不能成为机构投资者的投资对象。因此，如果某一企业想更多地吸引机构投资者，则应采用较高而且稳定的股利政策。

3.通货膨胀

在通货膨胀的情况下，企业固定资产折旧的购买力水平会下降，会导致没有足够的资金来源重置固定资产。这时较多的留存利润就会被当作弥补固定资产折旧购买力水平下降的资金来源，因此，在通货膨胀时期，企业股利政策往往偏紧。

三、股票分割

股票分割，又叫作股票拆细、拆股，即将一张面值较大的股票拆成若干张面值较小的股票。在实务中，如果上市公司认为自己公司的股票市场价格太高，不利于其良好的流动性，则有必要将其降低，一般选择股票分割的形式。

股票分割不是一种股利分配，但它实际上会使股东财富增加，带来一些股利分配的益处。

股票分割的作用如下：

（一）降低股票价格，促进股票流通和交易

股票分割可以增加公司股票股数，从而使每股市价降低，吸引更多的投资者。同时，流通性的提高和股东数量的增加，会在一定程度上加大对公司恶意收购的难度。

（二）传递良好的信息

向股票市场和广大投资者传递公司业绩好、利润高、增长潜力大的信息，从而提高投资者对公司的信心。

与股票分割相反，如果公司认为其股票价格过低，为了提高股价，其会采取反分割措施。反分割又称为股票合并或逆向分割，是指将数股面值较低的股票合并为一股面值较高的股票。反分割会降低股票的流通性，提高公司股票投资的门槛，它向市场传递的信息通常是不利的。

第三节　资金运营及其管理

资金运营管理在财务管理活动中具有非常重要的作用，有效的管理可以最大限度地提高企业资金的使用效率，提高企业资产的收益率，最大限度地降低企业资金的风险。具体内容包括货币资金管理、应收账款管理、存货管理三部分内容。

一、营运资金的含义

营运资金是指在企业生产经营活动中占用流动资产上的资金。营运资金有广义和狭义之分，广义的营运资金又称为毛营运资金，是指一个企业流动资产的总额；狭义的营运资金又称为净营运资金，是指流动资产减去流动负债后的余额，是企业在生产经营中可用流动资产的净额。本项目中的营运资金主要指狭义的营运资金。营运资金的存在表明企业的流动资产占用的资金除了通过流动负债筹集外，还通过非流动负债或所有者权益筹集。营运资金的管理既包括流动资产的管理，也包括流动负债的管理。

流动负债是指必须在一年或超过一年的一个营业周期内偿还的债务，包括短期借款、应付及预收款项、应交税费等。流动负债的特点是：偿还期限短，在一年内或一个营业周期内必须履行的义务。该项业务需要运用企业资产或提供劳务或举借新的负债来偿还；主要为交易目的而持有。

流动资产是指可以在一年或超过一年的一个营业周期内变现或耗用的资产，包括货币资金、短期投资、应收及预付款项、存货等。

二、营运资金的特点

为了有效地管理企业的营运资金，必须研究营运资金的特点，以便有针对性地进行管理。

营运资金一般具有如下特点：

（一）营运资金的来源具有多样性

企业筹集长期资金的方式一般较少，只有吸收直接投资、发行股票、发行债券等方式。与筹集长期资金的方式相比，企业筹集营运资金的方式较为灵活多样，通常有银行短期借款、短期融资券、商业信用、应交税费、应付股利、应付职工薪酬等多种内外部融资方式。

（二）营运资金的数量具有波动性

流动资产的数量会随企业内外条件的变化而变化，时高时低，波动很大。季节性企业如此，非季节性企业也如此。随着流动资产数量的变动，流动负债的数量也会相应发生变动。

（三）营运资金的周转具有短期性

企业在流动资产上占用的资金，通常会在一年或超过一年的一个营业周期内收回，对企业影响的时间比较短。根据这一特点，营运资金可以用商业信用、银行短期借款等短期筹资方式来加以解决。

（四）营运资金的实物形态具有变动性和易变现性

企业营运资金的占用形态是经常变化的，营运资金的每次循环都要经过采购、生产、销售等过程，一般按照现金、材料、在产品、产成品、应收账款、现金的顺序转化。为此，在进行流动资产管理时，必须在各项流动资产上合理配置资金数额，做到结构合理，以促进资金周转顺利进行。同时，以公允价值计量且其变动计入当期损益的金融资产、应收账款、存货等流动资产一般具有较强的变现能力，如果遇到意外情况，企业出现资金周转不灵、现金短缺时，便可迅速变卖这些资产，以获取现金，这对财务上应付临时性资金需求具有重要意义。

三、货币资金管理

货币资金是指企业在生产经营过程中暂时停留在货币形态的资金，包括库存现金、银行存款和其他货币资金。在所有资产中，货币资金（以下由现金代替）的流动性和变现能力最强，但营利性也最弱。

现金是非营利性的资产，保持合理的现金水平是企业货币资金管理的重要内容。现金是变现能力最强的资产，代表着企业直接的支付能力和应变能力，可以用来满足生产经营开支的各种需要，也是还本付息和履行纳税义务的保证。拥有足够的现金对于降低企业的风险，增强企业资产的流动性和债务的可清偿性有着重要的意义。但现金收益性最弱，对其持有量不是越多越好。即使是银行存款，其利率也非常低。因此，现金存量过多，它所提供的流动性边际效益便会随之下降，从而使企业的收益水平下降。因此，企业应合理安排货币资金的持有量，减少货币资金的闲置，以提高货币资金的使用效果。

除应付日常的业务活动之外，企业还需要拥有足够的现金偿还贷款、把握商机以防止不时之需。企业必须建立一套管理现金的方法，持有合理的现金数额，使其在时间上继起，在空间上并存，在现金的流动性和收益性之间进行合理选择。企业必须编制现金预算，以衡量企业在某段时间内的现金流入量与流出量，以便在保证企业正常经营活动所需现金的同时，尽量减少企业的现金数量，从暂时闲置的现金中获得最大的收益以提高资金收益率。

（一）持有现金的动机

企业持有现金是为了满足交易性需要、预防性需要和投机性需要。

交易性需要是指企业生产经营活动中货币资金支付的需要，如购买原材料、支付人工工资、偿还债务、缴纳税款等。这种需要发生频繁，金额较大，是企业持有现金的主要原因。

预防性需要是指企业为应付意外的、紧急的情况而持有现金的需要，如生产事故、自然灾害、客户违约等打破原先的货币资金收支平衡的情况。企业为预防性需要而持有现金的多少取决于：一是企业临时举债能力；二是企业其他流动资产的变现能力；三是企业对货币资金预测的可靠程度；四是企业愿意承担风险的程度。

投机性需要是指企业为抓住瞬息即逝的市场机会，投机获利而持有现金的需要，如捕捉机会以超低价购入有价证券、原材料、商品等，意在短期内抛售获利。

（二）持有现金的成本

持有现金通常会发生四种成本，即持有成本、转换成本、短缺成本和管理成本。

持有成本是指因持有现金而丧失的投资收益，又称机会成本，它与持有现金的数量有关，现金持有量越大，持有成本越大，反之就越小。

转换成本又称交易成本，是指有价证券与现金转换时的交易费用。严格地讲，转换成本仅指与交易金额无关而与交易次数成正比的交易费用，这才是决策中的相关成本。

短缺成本是指因持有现金太少而给企业造成的损失，如因无钱购买原材料造成停工损失，失去现金折扣，不能及时支付而造成信誉损失等。短缺成本也与持有现金的数量有关，现金持有量越大，短缺成本越小。

管理成本是指企业因持有现金而发生的管理费用，如管理人员的工资支出、安全防盗设施的建造费用等。管理费用一般是固定费用。

（三）最佳现金持有量的确定

企业在生产经营过程中必须持有一定数量的现金，但现金持有太多或太少都对企业不利。最佳现金持有量就是指使有关成本之和最小的现金持有数额，它的确定主要有成本分析模式和存货分析模式两种方法。

1.成本分析模式

企业持有现金必然要发生一些相关成本，成本分析模式是通过分析企业持有现金的各相关成本，测算各相关成本之和最小时的现金持有量的一种方法。在成本分析模式下，应分析机会成本、管理成本和短缺成本，在成本分析模式下不存在转换成本。

（1）机会成本。

机会成本随着现金持有量的增大而增大，一般可按年现金持有量平均值的某一百分比计算，这个百分比是该企业的机会性投资的收益率，一般可用有价证券利息率代替。其计算公式为：

$$机会成本=现金平均持有量×有价证券利息率 \tag{3-1}$$

（2）管理成本。

管理成本由于是固定成本，因而是一项无关成本，按理说在决策中不应予以考虑，但本模式下为匡算总成本的大小仍把它考虑在内，当然对决策结果是不会造成影响的。

（3）短缺成本。

短缺成本随着现金持有量的增大而减少，当现金持有量增大到一定量时，短缺成本将不存在。

成本分析模式是根据现金相关成本，分析预测其总成本最低时现金持有量的一种方法。其计算公式为：

$$最佳现金持有量下的现金相关成本=min（管理成本+机会成本+短缺成本）$$
$$\tag{3-2}$$

在实际工作中运用成本分析模式确定最佳现金持有量的具体步骤如下：

第一，根据不同现金持有量测算并确定有关成本数值。

第二，按照不同现金持有量及其相关成本资料编制最佳现金持有量测算表。

第三，在测算表中找出总成本最低时的现金持有量，即最佳现金持有量。

由成本分析模型可知，如果减少现金持有量，则增加短缺成本；如果增加现金持有量，则增加机会成本。

改进上述关系的一种办法是：当拥有多余现金时，将现金转换成有价证券；当现金不足时，将有价证券转换成现金。但现金和有价证券之间的转换也需要成本，即转换成本。

2.存货分析模式

存货模式，是将存货经济订货批量模型原理用于确定目标现金持有量，其着眼点也是现金相关成本之和最低，借用存货管理经济批量公式来确定最佳现金持有量的一种方法。这一模式的使用有如下假设条件：

第一，企业在某一段时期内需用的货币资金已事先筹措得到，并以短期有价证券的形式存放在证券公司内。

第二，企业对货币资金的需求是均匀、稳定、可知的，可通过分批抛售有价证券取得。

第三，短期有价证券利率稳定、可知。

第四，每次将有价证券变现的交易成本可知。

在存货分析模式下有两项相关成本：持有成本和转换成本。持有成本（机会成本）是指企业持有现金而丧失的将这些资金投资于证券可得到的投资收益。此项成本与有价证券收益率有关，也与持有现金的平均余额有关。转换成本（交易成本）是指与交易次数成正比的经纪费用。持有成本和转换成本的变化方向是相反的：若每次抛售有价证券金额大，会使现金平均余额增大而增加持有成本，但会使交易次数减少而降低转换成本；反之，若每抛售有价证券金额小，会减少持有成本和增加转换成本。存货分析模式旨在使相关总成本，持有成本和转换成本之和最小化。存货分析模式可用公式表示为：

$$TC = \frac{C}{2} \times i + \frac{T}{C} \times b \qquad (3-3)$$

$$TC' = \frac{i}{2} - \frac{Tb}{C^2} \qquad (3-4)$$

令 $TC' = 0$，得：

$$C = \sqrt{\frac{2bT}{i}} \qquad (3-5)$$

这时

$$TC = \sqrt{\frac{2bT}{i}} \times \frac{i}{2} + Tb \times \sqrt{\frac{i}{2bT}} = \sqrt{2bTi} \qquad (3-6)$$

式中 TC ——存货分析模式下的相关总成本；

C —— 一次交易资金量，即企业最高现金存量；

i ——有价证券收益率；

T —— 一个周期内现金总需求量；

b ——有价证券一次交易固定成本。

因为 $TC'' = \dfrac{2Tb}{C^3} > 0$，所以 $\sqrt{2bTi}$ 是 TC 的最小值。

可得出结论：

最佳货币持有量 $C^* = \sqrt{\dfrac{2bT}{i}}$ 时，相关总成本达到最小值 $TC^* = \sqrt{2bTi}$。

这里最佳现金持有量，即一次抛售有价证券的金额，就是企业库存现金的最大值。

（四）现金的日常管理

企业在确定了最佳现金持有量后，还应加强现金的日常管理，使现金得到最有效的利用，现金日常管理包括现金收入管理、现金支出管理和闲置现金的利用。

1.现金收入管理

现金收入管理重在缩短收款时间。企业销售款项的收取一般要经历如下过程：由客户开出支票邮寄到收款企业，收款企业收到支票后交付银行，银行凭支票通过银行结算系统向客户的开户银行结算划转款项。以上过程需要时间，企业应尽量缩短这一过程的时间，使应收款项尽早进入本企业的银行账户。票据在企业停留的时间可以由企业本身通过建立规章制度、奖惩激励机制等方法来控制，但对于支票邮寄时间和支票结算时间，仅靠企业自身的力量是远远不够的，必须采取有效措施充分调动客户和银行的积极性，才能实现有效控制。对此，可采取以下方法：

（1）折扣、折让激励法。

企业与客户之间共同寻求的都是经济利益，从这点出发，在企业急需现金的情况下，可以通过一定的折扣、折让来激励客户尽快结付账款。方法可以是在双方协商的前提下一次性给予客户一定的折让，也可以是根据不同的付款期限给出不同的折扣。如：10天内付款，给予客户3%的折扣，20天内付款给予2%的折扣，30天内付款给予1%的折扣等。使用这种方法的技巧在于企业本身必须根据现金的需求程度和取得该笔现金后所能发挥的经济效益，以及为此而折扣、折让形成的有关成本，进行精确的预测和分析，从而确定出一个令企业和客户都能满意的折扣或折让比率。

（2）银行业务集中法。

根据企业销售分布情况，在各个地区分别设立收款中心，各地区的客户收到货物后，将汇票寄送当地收款中心，收款中心收到顾客的汇票后，委托当地银行收取款项。分散在各地的收款银行完成收账任务后，把多余的资金调拨给集中收款银行。这样做，可以缩短客户邮寄汇票所需时间，也缩短了银行托收货款所需时间。

（3）邮政信箱法。

邮政信箱法是将企业的销售范围划分为若干个地区，每个地区选定一个代理银行，在发送货物时，要求客户将支票、汇票寄送到指定的邮政信箱，委托代理银行每天开取信箱，并将邮政信箱的汇款划入企业账户。租用邮政信箱收款通常比按企业地址邮寄汇票要快几天，这样可以缩短货款托收时间。

（4）收款方式的改善。

电子支付方式对纸质支付方式是一种改进。电子支付方式减少或消除了收款浮动期，降低了收款成本，收款过程更容易控制，结算时间和资金可用性可以预计，向任何一个账户或任何金融机构支付具有灵活性，不受人工干扰，客户的汇款信息可与支付同时传达，更容易更新应收账款。

2.现金支出管理

现金支出管理的主要任务是尽可能延缓现金支出的时间。从企业角度而言，其与现金收入管理相反，尽可能地延缓现金的支出时间是控制企业现金持有量最简便的方法。当然，这种延缓必须是合理合法且不影响企业信誉的，否则，企业延期支付所带来的效益必将远小于为此而遭受的损失。通常企业延期支付账款的方法主要有以下几种：

（1）推迟支付应付账款法。

一般情况下，供应商在向企业收取账款时，都会给企业预留一定的信用期限，企业可以在不影响信誉的前提下，尽量推迟支付的时间。

（2）汇票付款法。

承兑汇票分为商业承兑汇票和银行承兑汇票，与支票不同的是，承兑汇票并不是见票即付。这一方式的优点是它推迟了企业调入资金支付汇票的实际所需时间。这样企业就只需在银行中保持较少的现金余额。它的缺点是某些供应商可能并不喜欢用汇票付款，银行也不喜欢处理汇票，它们通常需要耗费更多的人力。同支票相比，银行会收取较高的手续费。

（3）合理利用浮游量。

现金浮游量是指企业现金账户上现金余额与银行账户上所示的存款额之间的

差额。有时，企业账户上的现金余额已为零或负数，而银行账户上该企业的现金余额还有很多。这是因为有些企业已开出的付款票据，银行尚未付款出账而形成的未达账项，对于这部分现金的浮游量，企业可以根据历年的资料，进行合理的分析预测，有效地加以利用。要点是预测的现金浮游量必须充分接近实际值，否则容易开出空头支票。

（4）改进员工工资支付模式。

企业可以为支付工资专门设立一个工资账户，通过银行向职工支付工资。为了最大限度地减少工资账户的存款余额，企业要合理预测开出支付工资的支票到职工去银行兑现的具体时间。

（5）透支。

企业开出支票的金额大于活期存款余额。它实际上是银行向企业提供的信用。透支的限额由银行和企业共同商定。

（6）争取现金流出与现金流入同步。

企业应尽量使现金流出与流入同步，这样就可以降低交易性现金余额，同时可以减少有价证券转换为现金的次数，提高现金的利用效率，节约转换成本。

（7）使用零余额账户。

即企业与银行合作，保持一个主账户和一系列子账户。企业只在主账户保持一定的安全储备，而在一系列子账户不需要保持安全储备。当从某个子账户签发的支票需要现金时，所需要的资金立即从主账户划拨过来，从而使更多的资金可以用作他用。

3.闲置现金的利用

只要把握准时间，浮游量是可以利用的。例如，企业用于资本投资或经营支出的款项，往往是资金先到位，而后再发生支付，这一段时间也会造成货币资金的闲置。上述情况如果估算准确，又熟悉证券市场的情况，企业就能利用闲置货币资金进行短期证券投资而获利。由于企业的资金流量大，虽说证券投资期短，但也能得到可观的收益，从财务管理来讲，不失为生财的一种手段。

四、应收账款管理

企业通过提供商业信用，采取赊销、分期付款等方式可以扩大销售，增强竞争力，获得利润。应收账款作为企业为扩大销售和盈利的一项投资，也会产生一定的成本，所以企业需要在应收账款所增加的盈利和所增加的成本之间作出权衡。应收账款管理就是分析赊销的条件，使赊销带来的盈利增加大于应收账款投资产生的成本费用增加，最终使企业利润增加，企业价值上升。

（一）应收账款的功能与成本

1.应收账款的功能

应收账款的功能是指其在生产经营中的作用，主要有以下两个方面：

（1）增加销售。

企业销售产品有现销和赊销两种方式。在销售顺畅无阻的情况下，任何企业都喜欢采用现销的方式，这样既能及时收到款项，又能避免坏账损失。然而在市场经济条件下，只要产品不是垄断的，就必然会面临同行的竞争。除了产品质量、价格、售后服务等竞争外，势必也有销售方式的竞争。赊销除了向客户提供产品外，同时也提供了商业信用，相当于向客户提供了一笔在一定期限内无偿使用的资金。客户的财务实力是参差不齐的，如果企业否定赊销方式，那么必然会把一部分财务支付能力欠缺的客户拒之门外而令其转向其他同类企业。这无疑是自我断路，缩小产品的市场份额，在同行竞争中处于劣势；反之，适时灵活地运用赊销方式增加销售，可以增强企业的市场竞争能力。

（2）减少存货。

企业持有一定产成品存货会相应地占用资金，形成仓储费用、管理费用等，产生成本；而赊销则可避免这些成本的产生。所以，无论是季节性生产企业还是非季节性生产企业，当产成品存货较多时，一般会采用优惠的信用条件进行赊销，将存货转化为应收账款，减少产成品存货，存货资金占用成本、仓储与管理费用等会相应减少，从而提高企业收益。

2.应收账款的成本

采取赊销方式就必然会产生应收账款，企业持有应收账款主要有三项成本：机会成本、管理成本和坏账成本。

（1）机会成本。

应收账款的机会成本是指企业的资金被应收账款占用所丧失的潜在收益，它与应收账款的数额及占用时间有关，也与参照利率有关。参照利率可用两种方法确定：假定资金没有被应收账款占用，即应收账款款项已经收讫，那么，这些资金可用于投资取得投资收益，参照利率就是投资收益率。这些资金还可扣减筹资数额，供企业经营中使用而减少筹资用资的资金成本，参照利率就是企业的平均资金成本率。计算公式为：

应收账款机会成本=应收账款占用的资金×资本成本

=应收账款平均余额×变动成本率×资本成本

（3-7）

应收账款平均余额=赊销收入净额/应收账款周转率=赊销收入净额/（360/应收账款周转期）

=（赊销收入净额×应收账款周转期）/360

（3-8）

应收账款占用资金=应收账款平均余额×变动成本率　　　（3-9）

式中，应收账款周转期相当于应收账款平均收账期，在平均收账期不清楚的情况下，可用信用期限近似替代。

（2）管理成本。

应收账款的管理成本是指企业对应收账款进行管理而发生的开支。管理成本包括对客户的信用调查费用、应收账款记录分析费用、催收账款费用等。在应收账款一定数额范围内，管理成本一般为固定成本。

（3）坏账成本。

坏账成本是指应收账款因故不能收回而发生的损失。存在应收账款就难以避免坏账的发生，这会给企业带来不稳定与风险，企业可按有关规定以应收账款余额的一定比例提取坏账准备。坏账成本一般与应收账款的数额大小和应收账款的拖欠时间有关。

（二）信用政策的制定

应收账款的信用政策是指应收账款的管理政策，包括信用标准、信用条件和收账政策。

1.信用标准

信用标准是指客户获得本企业商业信用所应具备的条件。如客户达不到信用标准，企业将不给予信用优惠或只给较低的信用优惠。信用标准定得过高，会使销售减少并影响企业的市场竞争力；信用标准定得过低，则会增加坏账风险和收账费用。制定信用标准的定量依据是估量客户的信用等级和坏账损失率，定性依据是客户的资信程度。决定客户资信程度的因素有五个方面：一是客户品质，即客户的信誉，包括以往是否有故意拖欠账款和赖账的行为，是否有因商业行为不端而受司法判处的前科，与其他供货企业的关系是否良好等。二是偿债能力，可通过分析客户的财务报表、资产与负债的比率、资产的变现能力等来作出判断。三是资本，即客户的经济实力和财务状况。四是抵押品，即客户不能如期偿债时能用作抵押的资产，这对不知底细或信用状况有争议的客户尤为重要。五是经济情况，是指会影响客户偿债能力的社会经济环境。

2.信用条件

当我们根据信用标准决定给客户以信用优惠时，就需考虑具体的信用条件。信用条件包括信用期限、现金折扣等。

（1）信用期限。

信用期限是指企业允许客户从购货到付款之间的时间间隔。信用期限过短不足以吸引顾客，不利于扩大销售；信用期限过长会引起机会成本、管理成本和坏账成本的增加。信用期限优化的要点是，考察延长信用期限增加的销售利润是否超过增加的成本费用。

（2）现金折扣。

现金折扣是企业对顾客在商品价格上的扣减。向顾客提供商品价格上的优惠，主要目的在于吸引顾客为享受优惠而提前付款，缩短企业的平均收款期。另外，现金折扣也能招揽一些视折扣为减价出售的顾客前来购货，借此扩大销售量，它包括折扣期限和现金折扣率两个要素。现金折扣本质上是一种筹资行为，因此现金折扣成本是筹资费用而非应收账款成本。在信用条件优化选择中，现金折扣条款能降低机会成本、管理成本和坏账成本，但同时也需付出一定的代价，即现金折扣成本。现金折扣条款有时也会影响销售额（比如有的客户冲着现金折扣条款来购买本企业产品），造成销售利润的改变。现金折扣成本也是信用决策中的相关成本，在有现金折扣的情况下，信用条件优化的要点是：增加的销售利润能否超过增加的机会成本、管理成本、坏账成本和折扣成本四项之和。现金折扣成本可按下式计算：

$$现金折扣成本=赊销净额×折扣期内付款的销售额比例×现金折扣率$$

（3-10）

3.收账政策

收账政策是指客户违反信用条件，拖欠甚至拒付账款时企业应采取的策略。

（1）企业应投入一定收账费用以减少坏账的发生。

一般地说，随着收账费用的增加，坏账损失会逐渐减少，但收账费用不是越多越好，因为收账费用增加到一定数额后，坏账损失不再减少，说明在市场经济条件下不可能绝对避免坏账。收账费用投入多少为好，要在权衡增加的收账费用和减少的坏账损失后作出决定。

（2）企业对客户欠款的催收应做到有理、有利、有节。

对超过信用期限不多的客户宜采用电话、发短信等方式提醒对方付款。对久拖不还的欠款，应具体调查分析客户欠款不还的原因。如客户确因财务困难而无力支付，则应与客户相互协商沟通，寻求解决问题的较理想的办法，甚至对客户予以适当帮助、进行债务重组等。如客户欠款属恣意赖账、品质恶劣，则应逐渐加大催账力度，直至诉诸法律，并将该客户从信用名单中剔除。

第四章　财务全面预算与控制

第一节　全面预算的编制方法

一、全面预算的基础理论

（一）预算概述

1.预算的概念

预算是企业在预测、决策基础上，用货币及其他数量形式表示的企业或其他组织决策所确定的各项目的货币表现和具体化。预算是计划的数量化，是对计划投入产出内容、数量以及产出时间安排的详细说明。预算是一种预测，是对未来一段时间内收支情况的预计。预算是一种可据以执行和控制经济活动的具体计划，是对目标的具体化，是企业战略导向预定目标实现的有力工具。

2.预算的分类

按照组织体系、预算期长短、预算内容不同，可以将预算进行如下分类。

（1）按组织体系可分为国家预算和企业预算。

国家预算是指经法定程序审核批准的国家年度集中性财政收支计划。它规定了国家财政收入的来源和数量、财政支出的各项用途和数量，反映整个国家政策、政府活动的范围和方向。企业预算是指企业和个人未来一定时期内经营、资本、财务等各方面的收入、支出、现金流的总计划，它将各种活动用货币的形式表现出来。

（2）按预算期长短可分为长期预算和短期预算。

通常将预算期在1年以内（含1年）的预算称为短期预算，将预算期在1年以上的预算称为长期预算。预算的编制时间可以视预算的内容和实际需要确定，可以是1周、1个月、1个季度、1年或若干年。在预算的编制过程中，往往应结合各项预算的特点，将长期预算和短期预算结合使用。

（3）按内容不同分为业务预算（经营预算）、专门决策预算和财务预算。

业务预算是指与企业日常经营活动直接相关的经营业务的各种预算。它主要包括销售预算、生产预算、直接材料预算、直接人工预算、制造费用预算、产品成本预算、销售费用预算和管理费用预算等。

专门决策预算是指企业不经常发生的、一次性重要决策预算。专门决策预算直接反映相关决策的结果，是实际中选方案的进一步规划。如资本支出预算，其编制依据可以追溯到决策之前搜集到的有关资料，只不过预算比决策估算更细致、更精确。

财务预算是指企业在计划期内反映有关预计现金收支、财务状况和经营成果的预算，主要包括现金预算和预计财务报表。财务预算作为全面预算体系的最后环节，它是从价值方面总括地反映企业业务预算与专门决策预算的结果，故称为总预算，其他预算则相应地称为辅助预算或分预算。

三种预算在编制时各有侧重点，相互之间又密不可分，业务预算和专门决策预算是财务预算的基础，财务预算是业务预算和专门决策预算的汇总。

3.预算的作用

预算的作用主要表现在以下三个方面：

（1）预算通过引导和控制经济活动，使企业经营达到预期目标。

通过预算指标可以控制实际活动过程，随时发现问题，采取必要的措施，纠正偏差，避免经营活动漫无目的，通过有效的方式实现预期目标。因此，预算具有规划、控制、引导企业经济活动有序进行、以最经济有效的方式实现预期目标的功能。

（2）预算可以实现企业内部各个部门之间的协调。

从系统论的观点来看，局部计划的最优化对全局来说不一定是最合理的。为了使各个职能部门向着共同的战略目标前进，它们的经济活动必须密切配合、相互协调、统筹兼顾、全面安排、做好综合平衡。各部门预算的综合平衡能促使各部门管理人员清楚地了解本部门在全局中的地位和作用，尽可能地做好部门之间协调工作。各级各部门因其职责不同，往往会出现相互冲突的现象。各部门之间只有协调一致，才能最大限度地实现企业整体目标。例如，企业的销售、生产、财务等各部门可以分别编制出对各自来说是最好的计划，但该计划在其他部门却不一定能行得通。销售部门根据市场预测提出的销售计划，生产部门可能没有那么大的生产能力；生产部门可能编制一个充分利用现有生产能力的计划，但销售部门可能无力将这些产品销售出去；销售部门和生产部门都认为应该扩大生产能力，财务部门却认为无法筹到必要的资金。全面预算经过综合平衡后可以提供解决各级部门冲突的最佳办法，可以使各级部门的工作在此基础上协调进行。

（3）预算可以作为业绩考核的标准。

预算作为企业财务活动的行为标准，使各项活动的实际执行有章可循。预算标准可以作为各部门责任考核的依据。经过分解落实的预算规划目标与部门、责任人的业绩考评结合起来，成为奖勤罚懒、评估优劣的依据。

4.预算工作的组织

为了保障企业预算目标的达成，企业可以设置专门的组织机构对预算管理工作进行监督和执行，以保证预算管理在各个环节能够协调衔接、畅通高效。

在预算管理工作中，主要涉及的预算工作组织包括决策机构、管理机构和执行机构。

（1）预算工作组织决策机构包括企业预算委员会、企业董事会等机构。

①企业预算委员会是专门履行预算管理职责的决策机构，主要负责拟订预算的目标、政策，制定预算管理的具体措施和办法，审议、平衡预算方案，组织下达预算，协调解决预算编制和执行中的问题，组织审计、考核预算的执行情况，督促企业完成预算目标。

②企业董事会或类似机构应当对企业预算的管理工作负总责。企业董事会或总经理办公会可以根据情况设立预算委员会或指定财务管理部门负责预算管理事宜，并对企业法定代表人负责。

（2）预算工作管理机构一般为企业财务管理部门。

预算工作管理机构负责监督预算的执行情况，分析预算与实际执行的差异及原因，提出改进管理的意见和建议。

（3）预算工作执行机构主要为企业的各职能部门。

在预算执行的过程中，企业预算执行机构在预算管理部门的指导下，组织并开展本部门全面预算的编制工作，严格执行批准下达的预算。主要涉及企业内部生产、投资、物资、人力资源、市场营销等职能部门，具体负责本部门业务的预算编制、执行以及分析等工作。

（二）全面预算的相关概念

1.全面预算的概念

全面预算是指企业对一定期间的经营活动、投资活动及财务活动等作出的预算安排。全面预算的"全面"体现在它是一种全方位、全过程、全员参与编制与实施的"三全"预算管理模式。

2.全面预算的作用

（1）明确各业务环节和部门的目标。

财务预算是以经营预算和专项决策预算为基础编制的综合性预算，它规定了企业一定时期内的规划和各部门的具体目标。

（2）协调企业经营管理。

财务预算具有高度的综合功能，通过综合平衡后可以提供解决部门间冲突的最佳办法，使企业各业务环节和部门的工作在此基础上协调进行。

（3）优化企业资源配置。

财务预算可以将企业资源加以整合，通过内部来节约交易成本，使资源浪费最小化。

（4）考核评价业绩。

财务预算标准可以作为各业务环节和部门的责任考核的依据，在评定各业务环节和部门工作业绩时，根据其预算完成情况，分析实际偏离预算的真正原因，并据此实行奖惩，使企业的经济活动能按照预定的目标推进。

二、增量预算法和零基预算法

根据出发点的不同特征，编制预算的方法可以分为增量预算法和零基预算法两大类。

（一）增量预算法

增量预算法又称为调整预算法，是指以基期成本费用水平为基础，结合预算期业务量水平及有关降低成本的措施，通过调整基期项目及数额，编制相关预算的方法。

1.增量预算法的假设前提

增量预算法是以过去的费用发生水平为基础，主张不需要在预算内容上作较大的调整，它的编制遵循如下假设：

第一，企业现有的业务活动是合理的，不需要进行调整。

第二，企业现有各项业务的开支水平是合理的，在预算期予以保持。

第三，预算期内根据业务量变动增加或减少预算指标是合理的。

2.增量预算法的优缺点

第一，编制方法简单，容易操作。

第二，编制预算时不加分析地保留或接受原有的成本费用项目，或按主观臆断平均削减，或只增不减，可能使原来不合理的费用继续开支而得不到控制，形成不必要开支的合理化，造成预算上的浪费。

第三，容易使预算部门养成"等、靠、要"的惰性思维，滋长预算分配中的平均主义，不利于调动各部门增收节支的积极性。

3.增量预算法的适用范围

增量预算法适用于经营活动变动比较大的企业，以及企业经营管理活动中与收入成正比的变动成本费用支出。

（二）零基预算法

零基预算法的全称为"以零为基础的编制计划和预算的方法"，它不考虑以往会计期间所发生的费用项目或费用数额，而是一切以零为出发点，根据实际需要逐项审议预算期内各项费用的内容及开支标准是否合理，在综合平衡的基础上编制预算费用。

1.零基预算法编制预算的步骤

（1）确定部门预算目标。

企业内部各级部门的员工，根据企业的生产经营目标，详细讨论计划期内应该发生的费用项目，并对每一项费用项目编写一套方案，提出费用开支的目的以及需要开支的费用数额。

（2）划分不可避免费用项目和可避免费用项目。

在编制预算时，对不可避免费用项目必须保证资金供应；对可避免费用项目则需要逐项进行"成本—效益分析"，尽量控制可避免费用项目纳入预算当中。

（3）划分不可延缓费用项目和可延缓费用项目。

在编制预算时，应把预算期内可供支配的资金在各费用项目之间分配。应优先安排不可延缓费用项目的支出，然后再根据需要按照费用项目的轻重缓急确定可延缓费用项目的开支。

2.零基预算法的优缺点

零基预算法可以避免将过去不合理的开支项目和开支额度延续到下一个会计期间，从而使预算更具有科学性。因为零基预算法强调一切支出均以零为起点，所以，需要分析历史资料、现有情况和投入产出情况。因此，编制预算的工作相当繁重，预算成本较高，预算编制时间较长。

3.零基预算法的适用范围

零基预算法适用于管理基础工作较好的企业，政府机关、行政事业单位，以及企业职能管理部门用于编制费用预算。

三、固定预算法和弹性预算法

（一）固定预算法

固定预算法又称为静态预算法，是指企业在预算期内正常的可实现由某一既定业务量（如生产量、销售量等）为基础编制预算的方法。

1.固定预算法的优缺点

第一，固定预算法编制工作量比较小。

第二，固定预算法适应性差。采用固定预算法编制预算业务量的基础是事先假定的某个业务量过于呆板。在这种方法下，无论预算期内业务量水平实际可能发生哪些变动，都只按照事先确定的某一个业务量水平作为编制预算的基础。

第三，固定预算法可比性差。当实际业务量与编制预算所依据的业务量发生较大差异时，有关预算指标的实际数与预算数就会因业务量基础不同而失去可比性。

2.固定预算法的适用范围

固定预算法通常适用于业务量水平较为稳定的生产和销售业务的成本费用预算的编制，如直接材料预算、直接人工预算和制造费用预算等。

（二）弹性预算法

弹性预算法是指在成本性态分析基础上，依据业务量、成本和利润的联动关系，按照预算期内可能发生的一系列业务量（如生产量、工时等）水平编制系列预算的方法。

1.弹性预算法的编制步骤

第一，选择业务量的计量单位。

第二，确定适用的业务量范围，一般可定在正常生产能力70%～110%，也可以将历史上最高业务量和最低业务量定位为其上限和下限。

第三，逐项研究并确定成本和业务量之间的数量关系。

第四，计算各项预算成本，并用一定的方式来表达。

2.弹性预算法主要用公式法和列表法来表达

（1）公式法。

公式法是运用总成本性态模型，测算预测期的成本费用数额，并编制成本费用的方法。根据成本性态，成本与业务量的数量关系用公式表示为：

$$y = a + bx \qquad (4-1)$$

式中 y ——预算期的成本总额；

a ——预算期的预算固定成本额；

b ——预算期的预算单位变动成本额；

x ——预计业务量。

公式法的优缺点：优点是操作简单，工作量小，业务量与成本费用的线性关系越强，预算越准确；缺点是适用范围小，不适用于阶梯成本和曲线成本的预算。

（2）列表法。

列表法是指通过列表的方式，将与各种业务量对应的预算列示出来的一种弹性预算编制方法。

优点是无论实际业务量为多少，不必经过计算即可很快找到与业务量相近的预算成本。缺点是在实际工作中往往需要运用插值法计算"实际业务量的预算成本"。

四、定期预算法和滚动预算法

定期预算法和滚动预算法是根据预算期间的固定性和滚动性而区分的两种预算方法。

（一）定期预算法

定期预算法又称为定期预算，是指在编制预算时以不变的会计期间（如日历年度）作为预算期的一种预算编制方法。

1.定期预算法的优缺点

（1）定期预算法的优点。

预算期间与会计年度相对应，便于将实际数与预算数进行对比，有利于对预算执行情况进行分析和评价。

（2）定期预算法的缺点。

①远期指导性差。

定期预算往往在会计年度的最后一个季度着手编制下一个会计年度的预算，对整个预算年度的生产经营活动很难做出准确的预算，特别是对于预算期最后的两三个月只能进行笼统的估算，给预算执行带来困难。

②连续性差。

预算执行受预算期的限制，使管理者的决策视野局限于本期规划的经营活动，很少考虑下期。如果提前完成预算，那么所有的事情往往会推到下一年度再考虑，会形成人为的预算间断。因此，定期预算不适应连续不断的经营过程，不利于企业的长远发展。

③适应性差。

定期预算不能随着情况的变化及时调整，而事先预见的预算期内的某些活动，在执行预算过程中经常会有所变动，这使原有预算显得不适应。

2.定期预算法的适用范围

定期预算法不利于对预算进行实时、动态的调整和修正，还有可能导致资源的浪费。它更适用于那些生产经营活动相对比较稳定、预算执行过程中不会出现较大偏差的单位。

（二）滚动预算法

滚动预算法又称为动态预算法、永续预算法或连续预算法，是指在编制预算时将预算期与会计年度脱离，逐月或逐季地调整、修正现有预算，同时追加编制一个新的月份或季度的预算，从而使预算期始终都保持着12个月或4个月时间跨度的一种预算编制方法。

1.滚动预算法的优缺点

滚动预算法的优点如下所述：

（1）透明度高。

滚动预算不是一次性地在预算年度开始之前的2—3个月进行预算编制，而是根据企业经营活动的变化不断调整，这样能使管理者从动态的角度准确地把握住远期的战略规划和近期目标，也有利于银行、财政、税务机构和企业主管部门了解企业的经营情况。

（2）及时性强。

滚动预算能够根据前期预算的执行情况，结合各因素的变动情况，及时调整和修订近期预算，使预算更加切合实际，能充分发挥预算的指导和控制作用。

（3）稳定性强。

滚动预算在时间上不受日历年度的限制，能连续不断地对未来生产经营活动进行连续预算，不会造成人为间断，还能使企业管理者了解未来12个月企业总体规划和近期目标，确保企业工作的稳定性。

滚动预算法的缺点是编制预算的工作量巨大。

2.滚动预算法的适用范围

滚动预算法适用于管理基础比较好，生产经营活动与市场紧密接轨的企业，以及编制产品销售预算及生产预算，编制规模较大、时间较长的工程类项目的预算。

第二节　全面预算的编制

一、业务预算的概念与编制

（一）业务预算的概念

业务预算也称经营预算，是指与企业日常业务直接相关的一系列预算，包括销售预算、生产预算、采购预算以及费用预算等。

（二）业务预算的编制

根据企业日常业务活动，业务预算的编制内容主要由以下几部分构成：

1.销售预算

销售预算也称应收账款预算，销售预算的编制根据市场需求"以销定产"的原则，主要对预算期内产品的销售数量、销售单价、销售收入等方面进行预算的编制。销售预算是全面预算体系中其他预算编制的基础，也是总预算的起点。

销售预算的编制公式如下：

$$预计销售收入=预计销售量 \times 预计销售单价 \qquad （4-2）$$

$$季度现金收入=该季预计现金收入+该季收回以前季度应收账款 \qquad （4-3）$$

2.生产预算

生产预算是根据销售预算编制的，预算期内企业必须考虑有足够的产品以供销售，以避免存货积压或者存货不足影响下期销售的情形出现。因此，企业需要考虑预算期初和预算期末存货的预计水平，来满足企业的销售。

生产预算的主要内容包括预计销售量、预计期初存货、预计期末存货、预计生产量等几个方面。各预算期预计生产量计算公式如下：

$$预计生产量=预计销售量+预计期末存货量–预计期初存货量 \qquad （4-4）$$

3.直接材料预算

直接材料预算也称直接材料采购预算，直接材料预算的编制主要是在预算期内以生产预算为基础编制的直接材料采购数量及材料采购金额计划。

编制直接材料预算的依据主要是生产预算的预计生产量、单位产品的材料用量，预算期材料的期初、期末出料量以及材料的采购单价、付款条件等。

预算编制中相关预算可按下列公式计算：

$$预计材料需用量=预计生产量×单耗定额 \quad (4-5)$$

$$预计材料采购量=预计材料需用量+（预计期末材料库存-预计期初材料库存）(4-6)$$

$$预计采购金额=预计材料采购量×预计采购单价 \quad (4-7)$$

$$季度采购现金支出=该季采购现金支出+该季支付上季应付账款 \quad (4-8)$$

4.直接人工预算

直接人工预算也是以生产预算为基础编制的。直接人工预算包括预计生产量、单位产品工时、人工总工时、每小时人工成本、人工总成本等内容。直接人工预算各项目可按下列公式计算：

$$人工总工时=预计生产量×单位产品工时 \quad (4-9)$$

$$人工总成本=人工总工时×每小时人工成本 \quad (4-10)$$

5.制造费用预算

制造费用是应计入产品成本的间接费用。根据制造费用与业务量的关系，制造费用预算可划分为变动制造费用预算和固定制造费用预算两部分。

变动制造费用预算根据预计业务量乘以单位产品标准分配率来进行计算；固定制造费用通常与本期业务量无关，固定制造费用预算可根据上期数据分析预算期变动量，以此为依据对上期数据进行修正来完成预算。

为了便于编制现金预算，在制造费用预算中，应包括费用方面预计的现金支出，但应注意，固定资产折旧费是非付现项目，在计算时应剔除。

制造费用预算编制公式如下：

$$预算期各项变动制造费用预算额=预算期人工总工时×变动制造费用率 \quad (4-11)$$

$$预计现金支出=制造费用合计-折旧费 \quad (4-12)$$

6.产品成本预算

产品成本预算是一种规划一定预算期内每种产品的单位产品成本、生产成本、销售成本等编制的日常业务预算。产品成本预算是生产预算、直接材料预算、直接人工预算、制造费用预算的汇总，产品成本预算的主要内容包括产品的总成本与单位成本。其中，总成本又分为生产成本、销售成本和期末产品库存成本。

产品成本预算编制公式如下：

$$单位变动成本=标准×单价 \quad (4-13)$$

$$\text{库存产品成本}=\text{期末库存量}\times\text{单位成本} \tag{4-14}$$
$$\text{生产成本合计}=\text{直接材料}+\text{直接人工}+\text{变动制造费用} \tag{4-15}$$
$$\text{销售成本合计}=\text{生产成本合计}+\text{期初库存产品成本}-\text{期末库存产品成本} \tag{4-16}$$

7.销售及管理费用预算

销售及管理费用预算是指为了实现销售所需支付的费用预算。它以销售预算为基础，分析销售收入、销售利润和销售费用的关系，实现销售费用的最佳使用。管理费用是做好一切管理业务必需的费用，多属于固定成本，一般以过去的实际开支基础，按预算期的可预算变化来调整。为了便于编制现金预算，在编制销售及管理费用预算的同时，还要编制与销售及管理费用有关的现金支出计算表。

销售及管理费用预算编制公式如下：

$$\text{预计变动销售费用}=\text{预计销售量}\times\text{单位变动销售费用} \tag{4-17}$$
$$\text{预计现金支出}=\text{预计销售及管理费用合计}-\text{折旧费（非付现费用）} \tag{4-18}$$

二、专门决策预算

专门决策预算按期限长短分为短期决策预算和长期决策预算。

短期决策预算通常是根据短期经营决策确定的最优方案编制的，因此，需要直接纳入经营预算体系，同时也将影响现金预算等财务预算。

长期决策预算又称资本支出预算，此类预算一般不纳入经营预算，但应计入与此有关的现金预算与预计资产负债表。

三、财务预算的编制

预计财务报表也称企业总预算，是企业财务管理的重要工具，是控制企业预算期内资金、成本和利润总量的重要手段。预计财务报表主要包括预计利润表和预计资产负债表。

（一）现金预算

1.现金预算的概念

现金预算也称现金收支预算，它是按照现金流量表主要项目内容，以日常业务预算和专门决策预算为基础编制的反映企业预算期间现金收支情况的预算。现金预算是用来反映预算期内企业现金流转状况的预算。这里的现金主要是指企业的库存现金和银行存款等货币资金。编制现金预算的目的在于合理地处理现金收支业务，调度资金，保证企业财务的正常运转。

2.现金预算的内容

现金预算由四个部分组成。

（1）现金收入。

现金收入包括期初的现金结存数和预算期内可能发生的现金收入，如现金、销售收入、应收款项、票据贴现等。

（2）现金支出。

现金支出包括预算期内可能发生的现金支出。如采购材料支付货款、支付工资、支付部分制造费用、支付销售及管理费用、偿还应付账款、缴纳税金、购买设备的支付股息等。

（3）现金余缺。

现金余缺是指现金收支相抵后的余额。若现金收入大于现金支出，则表现为现金盈余，除了可用于偿还银行借款之外，还可以购买短期证券；若现金收入小于现金支出，则表现为现金短缺等事项。

（4）融资。

融资主要反映预算期内因资金不足而向银行借款，或发放短期债券筹集资金，以及偿还借款和偿付利息或收回放款及利息等事项。

3.现金预算的编制

（1）现金收入预算的编制。

现金收入包括营业现金收入和其他现金收入。营业现金收入是现金收入的主要来源，因此，销售预算是编制现金预算的起点。

（2）现金支出预算的编制。

现金支出主要包括材料采购支出、支付人工工资、制造费用、管理费用、财务费用和营业费用等支出。这些项目的现金支出预算主要来源于业务预算。

现金预算编制公式如下：

可供使用的现金=期初现金余额+销售现金收入现金余缺=可供使用现金-现金支出合计

$$（4-19）$$

期末现金余额=现金余缺+向银行借款-归还借款本金-支付借款利息 （4-20）

（二）预计利润表

预计利润表是以货币为计量单位，全面、综合地反映预算期内生产经营的财务情况和规定利润计划数额的一种预算，是控制企业生产经营活动和财务收支的主要依据。这种预算是在汇总销售预算、生产预算、直接材料预算、直接人工预算、制造费用预算、单位产品成本预算、销售及管理费用预算、现金预算等基础上编制的。编制预计利润表的目的在于明确预算反映的利润水平，如果利润预算数额与最初编制预算时确定的目标利润存在较大差距就需要调整有关预算，设法达到目标利润，或者经过企业领导同意后修改目标利润。

预计利润表编制公式如下：

$$边际贡献=销售收入-变动成本 \tag{4-21}$$

$$营业利润=边际贡献-固定成本 \tag{4-22}$$

$$税前利润=营业利润-利息 \tag{4-23}$$

$$净利润=税前利润×（1-所得税税率） \tag{4-24}$$

（三）预计资产负债表的编制

预计资产负债表是以货币为计量单位反映企业预算期末财务状况的总括性预算。这种预算是利用基期期末资产负债表，根据预算期销售、生产、成本等预算的有关数据编制。编制预计资产负债表的目的在于明确预算反映的财务状况的稳定性和流动性。如果通过预计资产负债表的分析，发现某些反映预算期偿债能力、资产运营能力、盈利能力的财务比率不佳，必要时可以修改有关预算。

预计资产负债表编制公式如下：

$$预计固定资产=期初固定资产+预算期购置固定资产-各项折旧费 \tag{4-25}$$

$$留存收益=期初留存收益+预计利润表年度净利润 \tag{4-26}$$

第三节　财务控制

一、财务控制的概念与作用

（一）财务控制的概念

控制是指对客观事物进行约束和调节，使之按既定目标和轨迹运行的过程。财务控制是指按照一定的程序和方式，确保企业及其内部机构和人员全面落实及实现财务预算的过程。

在企业的经济控制系统中，财务控制系统是最有连续性、系统性和综合性的子系统。财务控制具有以下特征：

1.财务控制是一种价值控制

财务预算所包含的现金预算、预计利润表和预计资产负债表，都是以价值形式予以反映的；财务控制所借助的手段，如责任预算、责任报告、业绩考核、内部转移价格等都是通过价值指标实现的。

2.财务控制是一种全面控制

由于财务控制是用价值手段来实施其控制过程，因此，它不仅可以将各种不同性质的业务综合起来进行控制，而且可以将不同层次、不同部门的业务综合起来进行控制，体现出财务控制的全面性。

3.财务控制以现金流量为控制目的

企业的财务活动归根结底反映的是企业的资金运动。企业日常的财务活动表现为组织现金流量的过程，为此，财务控制的重点应放在现金流量状况的控制上，通过现金预算、现金流量表等保证企业资金活动的顺利进行。

（二）财务控制的作用

财务控制是财务管理循环的关键环节，它对实现财务管理的目标具有保证作用。一般来说，财务预测、财务决策和财务预算是为财务控制指明方向，提供依据和进行规划；而财务控制则是保证其目标、设想、规划的具体落实。没有控制，任何预测、决策和预算都是无意义的。由于财务控制是借助货币手段对生产经营活动所实施的控制，具有连续性和全面性，它在企业经营控制系统中处于一种特殊地位，起着保证、促进、监督和协调等重要作用。

二、责任控制

（一）责任中心

1.责任中心的概念与特征

企业为了实行有效的内部协调与控制，通常都按照统一领导、分级管理的原则，在其内部合理划分责任单位，明确各责任单位应承担的经济责任、应有的权利和利益，促使各责任单位尽其责任协同配合。责任中心就是承担一定经济责任，并享有一定权利和利益的企业内部（责任）单位。

责任中心通常具有以下特征：

（1）责任中心是一个责权利相统一的实体。

每一个责任中心都要对一定的财务指标的完成情况负责任；同时，责任中心被赋予与其所承担责任的范围与大小相适应的权力，并规定出相应的业绩考核标准和利益分配标准。

（2）责任中心具有承担经济责任的条件。

一是责任中心具有履行经济责任中心条款的行为能力；二是责任中心一旦不能履行经济责任，则对其后果承担责任。

（3）责任中心所承担的责任和行使的权力都应是可控的。

责任中心对其职责范围内的成本、收入、利润和投资负责。因此，这些内容必定是该责任中心所能控制的内容，在对责任中心进行责任预算和业绩考核时也只能包括该中心所能控制的项目。一般而言，责任层次越高，其可控制范围越大，但不论什么层次的责任中心，它一定都具备考核其责任实施的条件。

（4）责任中心具有独立核算和业绩评价的能力。

责任中心的独立核算是实施责权利统一的基本条件。只有独立核算，工作业绩才可能得到正确评价。因此，只有既分清责任又能进行独立核算的企业内部单位，才是真正意义上的责任中心。

根据企业内部责任单位的权限范围及业务活动的特点不同，责任中心可以分为成本中心、利润中心和投资中心三大类。

2.成本中心

（1）成本中心的含义。

成本中心是指对成本或费用承担责任的责任中心。由于成本中心无收入来源，因而不对收入、利润或投资效果负责。成本中心一般包括负责产品生产的部门、劳务提供部门以及给予一定费用指标的管理部门。

成本中心的应用范围最广，任何发生成本的责任领域，都可以确定为成本中心。企业内部上至工厂一级，下至车间、班组甚至个人都可能成为成本中心。成本中心由于其层次、规模不同，其控制和考核的内容也不尽相同，但基本上是逐级控制的局面，即各个较小的成本中心共同构成一个较大的成本中心。成本中心的职责是用一定的成本去完成规定的具体任务。

（2）成本中心的类型。

成本中心的类型有两种：标准成本中心和费用中心。

①标准成本中心。

标准成本中心是指有稳定而明确的产品，且单位产品的投入量（成本）可以通过技术分析测算出来的成本中心。通常，标准成本中心的典型代表是制造业工厂、车间、班组等，这类中心每种产品有明确的原材料、人工费用及各种间接费用的数量标准与价格标准。标准成本中心可以通过实施成本制度和弹性预算予以控制。因此，标准成本中心是以实际产出量为基础，并按标准成本控制的成本中心。

②费用中心。

费用中心是指费用发生的多少由管理人员的决策行为所决定，费用的投入与产出之间无密切关系的成本中心。它一般包括各种管理费用和某些间接成本项目，如研究开发费用、广告宣传费用、职工培训费用等。这类费用的发生主要是为企业提供一定的专业服务，一般不能产生可以用货币计量的结果，因此通常采用预算总额审批的控制方法。费用中心是以直接控制经营管理费用总量为主的成本中心。

（3）成本中心的特征。

①成本中心只考评成本费用而不考评收益。

成本中心一般不具有经营权和销售权，其经济活动的结果不会形成可以用货币计量的收入。例如，一般生产车间生产的产品只是产成品的某一部件，无法单独出售，因而不可能计量其货币收入。有的成本中心可能有少量收入，但这种收入数量少，零星发生，也没有考核的必要。企业中大多数生产单位只能提供成本费用信息，而无法提供收入信息。总之，以货币形式计量投入，而不以货币形式计量产出，是成本中心的基本特征。

②成本中心只对可控成本负责。

成本费用按其责任主体是否能控制分为可控成本和不可控成本。凡是责任中心能够控制的各种耗费，称为可控成本；凡是责任中心不能控制的各种耗费，称为不可控成本。具体来说，可控成本应同时具备以下三个条件：

第一，可以预计，成本中心能够通过一定的方式了解将要产生的成本。

第二，可以计量，成本中心能够对产生的成本进行计量。

第三，可以施加影响，成本中心能够通过自己的行为对成本加以调节和控制。

成本的可控性与不可控性是相对而言的，这和责任中心所处的层次、权限的大小及控制范围的大小有直接关系。从企业主体层次看，几乎所有的成本都可以称为可控成本；而对企业内部各部门、各车间来说，则既有可控成本，也有不可控成本。通常，较低层次责任中心的可控成本一定是其所属较高层次责任中心的可控成本；而较高层次责任中心的可控成本不一定是较低层次责任中心的可控成本。例如，生产车间发生的折旧费用，对于生产车间这个成本中心而言是可控成本，但对于其下属的班组这一层次的成本中心则属于不可控成本。此外，某些成本对处于同一层次的某一责任中心而言是可控的，对于另一责任中心来说则是不可控的。例如，材料价格对于采购部门来说是可控成本，而对于生产部门来说则是不可控成本。

③成本中心只对责任成本进行控制和考核。

责任中心所发生的各项可控成本之和即是该中心的责任成本。对成本中心工作业绩的考核，主要是将实际责任成本与预算责任成本进行比较，正确评价该中心的工作业绩。应该注意的是，责任成本与产品成本是既有区别又有联系的两个概念。产品成本是以产品为对象归集的生产耗费，归集的原则是"谁受益，谁承担"；责任成本是以责任中心为对象归集的生产经营耗费，归集的原则是"谁负责，谁承担"。这种差异是由于成本计算目的和用途不同所造成的，产品成本是会计核算的结果，反映企业成本计划的执行情况。责任成本是贯彻经济责任制的重要手段，反映责任预算的执行情况。但从联系方面看，它们同为企业生产经营过程中的资金耗费，产品成本总量等于责任成本总量。

（4）成本中心的考核指标。

成本中心的考核指标主要用相对指标和比较指标，包括成本（费用）变动额和变动率，其计算公式如下：

成本（费用）变动额=实际责任成本（费用）-预算责任成本（费用）

（4-27）

$$成本（费用）变动率 = \frac{成本（费用）变动额}{预算责任成本（费用）} \times 100\%$$ （4-28）

在对成本中心进行考核时，如果实际产量与预算不一致，应按弹性预算的编制方法先调整预算责任成本（费用）这一指标，然后再进行计算。调整时应注意：

预算责任成本（费用）=实际产量×单位预算责任成本（费用） （4-29）

3.利润中心

（1）利润中心的含义。

利润中心是指对利润负责的责任中心。由于利润是收入扣除费用后的余额，所以利润中心实际上既要对收入负责，也要对成本费用负责，这类责任中心一般是指有产品或劳务生产经营决策权的企业内部部门。

在同一个企业，利润中心相对处于较高层次，如分厂、分店、分公司。与成本中心相比，利润中心的权力和责任要大一些。它一般具有稳定的、独立的收入来源。因此，它不仅要考虑收入的增长，同时还要考虑成本的降低。利润中心追求的是收入的增长超过成本的增长。

（2）利润中心的类型。

利润中心分为自然利润中心与人为利润中心两种。

①自然利润中心是指可以对外销售产品并取得收入的利润中心。这类利润中心直接面向市场，具有产品销售权、价格决策权、材料采购权和生产决策权。它虽是企业内部的一个部门，但功能和独立企业类似，能独立地控制成本，取得收入。

②人为利润中心是指只对内部责任单位提供产品或劳务而取得"内部销售收入"的利润中心。这类利润中心一般不直接对外销售产品，只对本企业内部各责任中心按内部结算价格提供产品或劳务。人为利润中心一般也具有独立经营权，同时，与其他责任中心一起能够共同确定合理的转移价格，以实现利润中心的功能与责任。

（3）利润中心的考核指标。

对利润中心的考核，必然要考核和计量成本，利润中心的成本计算通常有两种方式可供选择。

①利润中心只计算可控成本，不分担共同成本或不可控成本。这种方式主要适合于共同成本难以合理分摊的情况。按这种方式计算出来的利润相当于"贡献毛益总额"，利润中心的利润指标必须经过调整才能得到，所以，这种计算方式下的利润中心已失去原来意义，变成了贡献毛益中心。人为利润中心适合采用这种计算方式。考核指标计算公式如下：

利润中心贡献毛益总额=该利润率中心销售收入总额−该利润中心可控成本总额

（变动成本总额）

（4-30）

一般而言，可控成本总额就等于变动成本总额。

②利润中心既计算可控成本，也计算共同成本或不可控成本。这种情况下，共同成本易于分割，自然利润中心一般采用这种计算方式。若采用变动成本法，考核指标计算公式如下：

利润中心贡献毛益总额=该利润中心收入总额−该利润中心变动成本总额

（4-31）

利润中心负责人可控利润总额=该利润中心贡献毛益总额–

该利润中心负责人可控固定成本

（4–32）

利润中心可控利润总额=该利润中心负责人可控利润总额–

该利润中心负责人不可控固定成本

（4–33）

公司利润总额=各利润中心可控利润总额之和–公司不可分摊的各种管理费用、财务费用等

（4–34）

4.投资中心

投资中心是指既对成本、收入和利润负责，又对投资效果负责的责任中心。由于投资的目的是获得利润，因而投资中心同时也是利润中心。它与利润中心的区别主要在于：利润中心没有投资决策权，而投资中心拥有投资决策权，即能够相对独立地运用其所掌握的资金，有权购置和处理固定资产，扩大或缩小生产能力。

投资中心处于责任中心的最高层次，它具有最大决策权，也承担最大的责任。投资中心一般都是独立的法人，而利润中心可以是也可以不是独立的法人，成本中心一般不是独立的法人。大型集团所属的分公司、子公司、事业部往往都是投资中心。

为了提高投资利润率，不仅要千方百计地降低成本，增加销售，还要经济有效地使用营业资本，提高资本周转率。

投资利润率是评价投资中心业绩的常用指标，该指标的优点是：

第一，能反映投资中心的综合盈利能力。

第二，能比较不同投资额的投资中心的业绩大小，具有横向可比性，应用范围广。

第三，通过投资利润率进行投资中心业绩评价，可以正确引导投资中心的经营管理行为，促进其行为长期化。如果投资中心只考虑增加资产或投资规模而不考虑利润的同比例增加，那么该指标就会下降。因此，利用该指标，将促使各投资中心盘活闲置资产，减少不合理资产占用，加强对应收账款及固定资产的管理。

投资利润率作为评价指标的不足之处在于：

第一，利润率在计算时受人为因素的影响，容易导致利润数据内容失真，使计算出来的投资利润率指标无法反映投资中心的实际盈利能力。

第二，投资利润率指标会造成各投资中心只顾本中心利益而放弃对整个企业有利的投资行为，缺乏全局观念。例如，某总公司平均投资利润率为10%，其所属的A投资中心投资利润率达15%。现A投资中心有一投资机会，投资利润率为13%。若以投资利润率指标来衡量，A投资中心肯定不会选择这一投资机会，从而出现A投资中心与总公司目标不一致的情况，克服这一缺陷的方法是采用另一评价指标。

（二）责任预算

1.责任预算的含义

责任预算是指以责任中心为主体，以其可控的成本、收入、利润和投资等为对象编制的预算。责任预算是责任中心努力的目标，也是考核责任中心工作业绩的标准。它可以将责任目标量化，使责任中心工作起来更加具体，同时，也可以作为企业总预算的补充。

责任预算由各种责任指标组成，这些指标包含主要责任指标和其他责任指标，在上述责任中心所提及的各责任中心的考核指标都是主要指标，也是必须保证实现的指标。这些指标反映了各种不同类型的责任中心之间的责任和相应的权利区别。其他责任指标是根据企业其他总奋斗目标分解得到的或为保证主要责任指标的完成而确定的责任指标，如劳动生产率、设备完好率、出勤率、材料消耗率和职工培训率等。

2.责任预算的编制

责任预算编制的目的在于将责任中心的经济责任数量化、具体化。编制程序有两种：①在总预算的基础上，从责任中心的角度对总预算进行层层分解，从而形成各责任中心的预算。这种自上而下、指标层层分解的方式是比较常用的方式之一，其优点是各责任中心目标与企业总目标上下一致，便于统一指挥与协调。缺点是可能会遏制各责任中心工作的积极性与创造性。②采取自下而上的方式，即各个责任中心首先根据自身情况编制预算指标，然后层层汇总，最后由企业的专门管理机构进行汇总与调整，从而建立企业总预算。这种方式的优点是有利于发挥各责任中心的积极性，并考虑了责任中心的实际能力。其缺点在于各责任中心往往只从自身角度考虑问题，造成各责任中心之间协调较困难，工作量及难度都加大，影响预算质量和编制时效。

责任预算的编制程序与企业组织机构设置和经营管理方式有密切关系，由于组织机构设置和经营管理方式不同，责任预算的编制程序也有较大差异。

在集权组织结构形式下，首先要按照责任中心的层次，从上至下把公司总预算逐层向下分解，形成各责任中心的责任预算；然后建立责任预算执行情况的跟踪系统，记录预算执行的实际情况，并定期由下至上把责任预算的实际执行数据逐层汇总，直到最高层的利润中心或投资中心。

在分权组织结构形式下，首先应按责任中心的层次，将公司总预算从最高层向最底层逐级分解，形成各责任单位的责任预算；然后建立责任预算的跟踪系统，记录预算实际执行情况，并定期从最基层责任中心把责任成本的实际数及销售收入的实际数，通过编制业绩报告逐层向上汇总，一直达到最高层的利润中心或投资中心。

随着预算数据的逐渐落实，预算项目越来越具体，使得总预算被真正落实到各责任中心的具体部门和个人，责任预算编制的作用也就真正发挥出来了。

（三）责任报告

责任报告又称业绩报告、绩效报告，是根据责任会计记录编制的反映责任预算实际执行情况，揭示责任预算与实际执行差异的内部会计报告。

责任报告的形式主要有报表、数据分析和文字说明等。将责任预算、实际执行情况及其差异用报表予以列示，是责任报告的基本方式。在揭示差异时，还必须对重大差异予以定量分析和定性分析。通过定量分析了解差异产生的程度，通过定性分析找出差异产生的原因并提出改进建议。

随着企业管理层次的不同，责任报告的侧重点应有所不同。层次越低，责任报告越详细；层次越高，责任报告越概括。责任报告在全面反映责任中心预算执行情况的同时，应突出重点，将差异突出的部分重点反映，使报告的使用者能将注意力集中到少数严重脱离预算的因素或项目上来。

由于责任中心是逐级设置的，责任报告也应自下而上逐级编制。

（四）业绩考核

业绩考核是以责任报告为依据，分析、评价各责任中心责任预算的实际执行情况，找出差距，查明原因，借以考核各责任中心工作成果，实施奖罚，促使各责任中心积极纠正行为偏差，完成责任预算的过程。

　　责任中心的业绩考核有狭义和广义之分。狭义的业绩考核仅指对各责任中心的价值指标，如成本、收入、利润等完成情况进行考核。广义的业绩考核除了上述内容外，还包括对各责任中心的非价值指标的完成情况进行考核。责任中心的业绩考核可分为年终考核与日常考核。年终考核通常是指一个年度终了（或预算期结束）时对责任预算执行结果的考核，目的在于进行奖罚和为下一季度（或下一个预算期）编制预算提供依据。日常考核是指在年度内（或预算期内）对责任预算执行过程的考核，目的在于通过信息反馈，控制和调节责任预算的执行偏差，确保责任预算的落实。

　　成本中心是企业最基础的责任中心，在进行业绩考核时，只应对其可控成本负责。成本中心业绩考核的内容是将实际可控成本与责任成本进行比较，从而确定两者差异的性质、数额以及形成的原因，并根据差异分析的结果，对成本中心进行奖罚，以督促成本中心努力降低成本。

　　利润中心的业绩考核应以销售收入、贡献毛益及息税前利润为重点进行分析、评价。特别是通过一定期间的实际利润与预算利润目标进行对比，分析差异及其形成原因，对经营上存在的问题和取得的成绩进行全面、公正的评价。此外，在自然利润中心，若不属于该中心的收入或成本，即使发生实际收付行为，也应在考核时予以剔除。

　　投资中心是企业最高一级的责任中心，其业绩考核的内容包括投资中心的成本、收入、利润及资金占用指标的完成情况，特别要注意考核投资利润率和剩余收益两项指标，将投资中心的实际数与预算数进行比较，分析差异，查明原因，进行奖罚。由于投资中心层次高，管理范围广，内容复杂，考核时应更加仔细深入、依据确凿，责任落实具体，这样才能起到应有的作用。

第五章　数字化转型中的业财融合

第一节　业财融合的桥梁——管理会计

一、业财融合与管理会计的关系

（一）业财融合是管理会计发展的现实需求和必然趋势

在实践中，业务部门与财务部门在规划、决策、控制与评价活动中具有共同的目标指向及共同的数据信息支撑，通过网络信息技术实现两者信息流、资金流、业务流等数据信息的共享与融合，从而为企业价值创造提供基础和保障，具备必要性和可行性。对于传统的管理会计活动而言，业财融合立足于公司变革中的决策优化、经营改善、效益提高，通过打通企业内部各个部门之间的隔阂，打破每个部门对业务与财务原有的传统认知，将财务目标下达到每个部门，并定期从这些部门的业务中获得反馈，在信息的传递过程中不断实现部间的沟通交流，以提高上下级部门间、同级部门间的工作效率，防止财务信息和业务信息相脱节。同时，对财务人员和业务人员的工作能力提出更高要求，以企业发展的总体战略为导向，强化风险控制能力。

目前，企业在追求高质量发展过程中主要面临几个方面的挑战：一是伴随着经济增长的放缓，特别是在国际贸易争端加剧的背景下，企业面临的竞争压力越来越大，提升管理质量、提高决策效率、降低经营风险成为企业生存与发展的必要路径；二是技术渗透带来的挑战，网络信息技术使企业的经营组织形式发生了深刻的变化，企业管理对信息的依赖性越来越强；三是传统的财务信息生成和利用模式已经满足不了现代企业管理的需求，客观上要求企业业务信息与财务信息深度融合。由此可见，业财融合是管理会计发展的现实需求，也是必然趋势。

（二）管理会计为业财融合提供切入点

1.以全面预算管理为切入点

以全面预算管理为业财融合的切入点，调动各部门人员的积极性，提高各部门人员的沟通能力。关于在预算中存在的问题，可以就现实情况成立业财融合预算委员会实施监督和协调。预算委员会是各个主要部门的骨干，具有一定的发言权，由预算委员会讨论和制定预算报告，各职能部门参与配合，利用信息技术精细化预算配置，尝试每周或每月总结编制总预算报表，及时分析不足之处。

2.以成本管理为切入点

成本管理通过对成本的预测、预算和控制等一系列的流程，不断优化成本的每一个环节，并降低不增值部分，从而实现成本效益的最大化。业财融合以成本管理为切入点，可以有效地从源头上实施控制，促进资源的合理利用，将目标分解到每一个工序、作业和人员上，同时将责任分解到每个部门的相关人员。成本管理需要财务人员深入车间和工厂详细了解产品的运作流程，再同业务人员沟通协作，对财务人员的相关要求比较高。全面预算管理贯彻企业的战略方针，可以全方位、多点面地将企业各个部门融入进来，这一过程需要各部门人员的配合。

3.以投资管理为切入点

投资管理是企业扩张过程中必须要面临的问题，产品流水线的投资、企业的并购扩张等，以投资管理为切入点进行业财融合是明智之选。这个过程大致分为三个时期，即前期评估、过程监测和后期维护，前、中期需要财务部门根据市场向其他部门提供可行性评估，分析可能遇到的风险，力求收益的最大化和损失的最小化，后期需要根据各部门提供的数据分析出本次投资需要吸取的经验教训，业财融合为投资管理提供了更多的资源支持。

二、业财融合管理会计信息系统框架

（一）构建层级

业财融合背景下管理会计信息系统通常分为平台层、数据层、应用层三个框架层级。其中，平台层负责数据的收集工作；数据层负责数据的加工和存储；应用层负责企业的营销、投资、增资等方面的决策方案。

1.平台层

平台层主要有ERP系统（企业资源计划）、管理系统、计费系统、生产管理系统等，以此保障所收集数据信息的全面性和实时性。平台层获取的数据信息包括业务数据信息和财务数据信息，包括结构化数据信息和非结构化数据信息。ERP系统是现代化企业普遍选择的管理系统，其管理层面包括客户资源、项目运转、物资采购、生产销售等各个环节，是数据信息的主要来源。平台层所采集的数据信息越详细、越全面，越有利于数据层和应用层的运转，因此企业及管理会计工作人员需不断完善平台层的数据收集系统，在数据全面详尽对接的基础上积极提升信息收集的速度和精度。

2.数据层

数据层需对平台层提供的数据信息进行分类储存，通常按照经营利润数据、销售分析数据、客户信息数据和企业成本数据等分类。现代化企业需要将数据信息储存于计算机设备上，要注重计算机办公硬件和软件的日常维护与更新，从而保障数据层信息数据储存的安全性和完整性。同时，利用大数据与云计算技术，对数据层数据信息进行集中化处理，推动企业财务工作向财务共享管理模式发展，集中企业精力发展核心业务，不断提升企业的核心实力及竞争实力。数据层需要将数据信息分类存储在相对应的数据库中，在企业管理层有决策需求时可以有针对性地获取所需数据信息，切实发挥数据的市场价值。

3.应用层

应用层通常根据各类别的数据库存储的数据进行数据分析和预测，最终生成市场营销方案、投资方向方案、产品增资方案等，三者看似独立，实则环环相扣，相互促进。市场营销方案制订时可在应用层提供方案的基础上，对行业特点、销售区域、政策运用、客户特征、企业实况等方面进行整合分析，进而确定切实可行的营销方案及产品增资方案。同样，企业在确定投资方向时，需在精细化数据库分析的基础上，将企业经营渠道、客户群体、产品架构、经营利润来源细分，从而确定最终的资金投资方向及企业发展方向。

（二）逻辑框架

基于大数据分析的管理会计系统是人网交互、人机共融的智能管理会计系统，需要借助大数据、人工智能以及人类财务专家共同组成人机一体化的信息环境，其逻辑框架主要包括底层的数据收集、传输、管理以及上层的管理会计应用。

底层的数据收集、传输与管理主要是通过智能感知系统、网络通信系统、数据管理系统、智能引擎系统予以实现。智能感知系统利用条形码、传感器、无线射频识别（RFID）、光学字符识别（OCR）等技术，实时动态地感知企业外部环境和内部经营管理活动，并能自动地进行相关数据信息的采集工作；网络通信系统通过物联网、互联网、移动互联网以及卫星通信网络等实现数据的传输和共享；数据管理系统用于存储大数据分析所需要的元数据、各类交易处理数据（业务、财务、管理活动等）以及"四库"（规则库、方法库、模型库、知识库等），并在数据仓库和数据挖掘等商业智能程序的支持下，为应用层的数据处理与分析奠定基础；智能引擎系统则通过公共的智能部件（智能感知引擎、智能搜索引擎、智能分析引擎、智能推理引擎、智能展示引擎等）面向具体管理决策问题，满足应用层各种智能处理的需要。

上层的智能管理会计应用层涵盖了管理会计信息处理的全过程。首先是信息输入，按照会计信息处理的要求，智能获取企业经营管理活动以及外部相关数据，通过人机合作模式统一输入。然后是信息处理，管理会计并不是一个仅仅基于知识的体系，而是基于人对事物的判断力的学习系统。新时代管理会计人才要注重提升自己的全局管控能力、洞察力和预测能力。因此，基于大数据分析的智能管理会计系统利用大数据分析、数据挖掘、商业智能、神经网络、机器学习、深度学习等技术，改变了传统管理会计系统以处理交易性活动为主的特征，引入了面向财务预测、控制、分析与决策一体化应用的更高价值的管理会计活动，并逐步拓展至以分析、推理、判断、构思和决策为基础的战略决策领域，替代管理会计活动中人类专家的部分职能。最后是信息输出，针对具体管理决策问题，基于大数据分析的管理会计系统通过底层的各种智能引擎，能够实时、动态、直观、定制化地多维展示业务、财务、管理等融合报表信息，以满足企业内外部使用者个性化、多样化的信息需求。

三、业财融合管理会计系统功能模块

管理会计信息系统分为战略管理、全面预算管理、成本管理、投融资管理、风险管理、绩效评价管理、管理会计报告七大主功能模块，同时各个主功能模块又可进一步细分为不同的子功能模块，各模块间相互作用，相互促进，且各功能模块的信息产出统一由管理会计报告模块进行汇总、整理，并自动生成报告以及时、有针对性地提供给信息需求者。

（一）战略管理模块

战略管理模块的主要功能是基于对企业内外部数据的收集、深入挖掘分析，利用相关工具对未来的经营环境、企业发展趋势进行科学有效的预测，服务于企业战略层确定企业未来的发展方向、愿景、明确战略目标，并对战略的实际执行情况进行有效的控制、评价等管理活动。它包括战略分析、战略制定与分解、战略执行控制、战略评价、战略调整五个子模块。

1.战略分析

主要是根据用户的需求自动调用数据中心的企业内外部有关信息，如近几年综合业绩报告信息、生产情况、内部资源等信息，同时允许手工输入系统中未存在或未更新的相关信息，如市场变化、国家政策变化、竞争者信息等，并对其进行深入分析，如盈利能力分析、竞争者分析等，形成经营分析报告、竞争者分析报告等战略分析报告，为企业的战略规划提供有价值的信息支持，协助企业战略层做出科学的战略决策。

2.战略制定与分解

战略层基于战略分析报告，借以系统知识库中的相关知识经验，再结合自身的经验，最终确定战略目标。以该目标为核心，可以利用工具库中的战略地图工具将其从财务、客户、内部流程、学习与成长等多个层面来进行细分并厘清内在联系，进一步将战略目标细分为多个短期经营目标，同时将其量化为相应的财务指标与非财务指标。

3.战略执行控制

一般而言，企业的业务层根据战略层制定的目标来执行落实战略，战略执行情况直接影响企业能否创造良好的经济效益，所以系统需要对业务层中各责任中心的实际执行情况进行实时追踪，并将执行情况的相关数据及时提供给战略层，这样才能使得战略层对企业的运营情况、战略的落实情况做到心中有数。

4.战略评价

是指根据预先设定好的战略评价指标对战略的执行情况进行评价分析以及奖惩，对于执行不好的业务活动，深入分析其原因并提出有效的改进措施，形成战略评价报告。

5.战略调整

当出现内外部环境异常变化，导致战略目标难以推进的情况时，战略层需要根据战略执行情况表与战略评价表对战略进行相应的调整。

（二）全面预算管理模块

全面预算被看作是企业的生命线，因为其上连着企业的战略，其下牵引着各项业务活动。集战略、预测、计划、执行、控制、分析、评价于一体，需要全员参与，并对企业的各项经营活动的开展进行全面反映、全过程控制，落实企业的战略目标的管理活动。全面预算管理模块的主要功能是基于对未来的各项经营情况进行科学、全面预测的前提下，将企业总战略目标以及经营目标通过计划、预算的形式一级一级地分解到各部门、各责任单位，对企业内部的各项资源进行配置，同时对资源的利用情况，预算的实际执行情况进行实时的监督、控制，进而对执行的具体结果进行评价，并及时反馈给企业管理层与各业务层。具体而言，该模块又包括预算目标设定、预算编制、预算执行控制、预算分析、预算评价以及预算调整六个子模块。

1.预算目标设定

主要是基于企业的战略管理报告，在获取相关的企业内外部数据的基础上，利用系统内嵌的模型、工具（如预算模型、趋势分析法等）来对未来一年的市场环境、经济状况等进行全面的预测，帮助预算委员会明确总预算目标，并结合具体的情况进行由上至下的逐层目标分解，形成各责任中心的预算目标，并将其具体量化为相应的财务与非财务指标，形成与各层级相对应的预算目标表。

2.预算编制

其功能是帮助各责任单位明确其预算目标，主要通过预算填制、预算上报、预算汇总、预算审批四个子功能来实现。各责任单位先按照预先定义好的预算模板表来填报相应的预算数据或指标，然后上交到预算委员会进行汇总、审批，预算委员会将各责任单位的预算表进行统一汇总，并通过评估各项预算是否与总的预算目标一致来进行审批，未通过审批的预算需要返回进行修改，并重新进行审批，获批的各预算表均被自动保存，形成各责任单位的预算目标表，以指导各责任单位开展各项业务活动。

3.预算执行控制

主要是帮助实现预算管理委员会对各责任单位的预算执行情况进行实时的监督控制，以保证各项业务活动是按照预算目标来推进的。其可以细分为预算数据追踪和设定预算预警指标两个子功能。即通过对各业务系统的业务活动的相关数据进行实时数据可视化查看，以监督预算的执行情况。同时，可以通过设置预算预警指标来对实际执行的情况进行有效监督控制，如设定生产率、库存周转率等相关指标的具体区间额度，超过额度即会自动触发报警机制。

4.预算分析

其主要功能是对预算的实际执行情况与相应的预算目标表进行自动对比，并进行多维度、多层次、多角度的差异分析，找出发生预算与实际不符的原因，同时提出相应改进措施，形成差异分析报告。差异分析报告应及时反馈给相应的责任单位的负责人，以指导责任单位对相关业务活动与流程进行改进。

5.预算评价

其主要是基于预算目标设置的预算考核指标按照科学的方法对预算的执行情况进行评价，以加大预算的管理力度，并形成预算考核评价报告。

6.预算调整

主要是帮助企业内部进行预算调整申请、预算调整审批。责任单位根据实际需要以涵盖调整原因、调整计划等信息的报告形式提出预算调整申请，预算委员会对相关情况进行查验、分析，并作出"批准"或"不批准"的审批决定，但若是重大的预算调整事项，应该上报管理决策层进行审批。

（三）成本管理模块

成本驱动着企业利润的产出，企业的资源通过成本的发生来实现价值提升，并通过销售或提供服务等方式取得收入来实现价值的转移，为企业带来经济效益，进行精细化的成本管理对企业有着举足轻重的作用。成本管理模块的主要功能是通过与全面预算管理模块与绩效评价管理模块相结合，聚焦企业的整个价值链条，利用相关方法、模型来对企业的各项成本进行事前规划、事中控制、事后分析评价的管理，最终形成成本管理会计报告，为各层级的管理者提供决策依据。具体由事前成本管理、事中成本管理以及事后成本管理三个子模块构成。

1.事前成本管理

这个功能主要由全面预算管理模块中的成本预算来实现。但需要强调的是各业务部门在进行成本预算时需要融入精益管理、价值链管理等思想，在基于满足客户需求的前提下，对企业内部的各项业务流程进行价值分析，对各项支出成本对经济绩效的贡献进行分析，摒弃业务活动中低经济效益、低价值的业务流程，对业务流程进行优化改进，保证每一业务流程都能为企业经济绩效做出贡献，打造出一条高效益的价值链条，这样才能优化利用企业有限的各种资源，并转化为企业的价值流入，体现成本管理的价值。

2.事中成本管理

主要是实现对企业各项业务活动的实际成本信息进行实时的监控。这需要财务与业务流程相融合，将财务数据的采集点从产品生产环节向前延伸到研发设计环节，向后延展到售后服务环节，实现产品的全生命周期成本的数据记录。为系统全面追踪成本信息提供基础，同时利用信息处理技术对一些非财务数据如剩余工作量、剩余人工量以及其他的沉没数据进行深入挖掘，找出有价值的信息，并及时通过系统予以呈现。

3.事后成本管理

主要是对企业各项业务的实际成本进行分析与评价，又可分为成本分析与成本考核评价。成本分析主要是财务人员通过将实际成本与成本预算目标表、标准成本表、成本考核表等进行对比分析，同时应与对标企业的相关成本进行对比分析，并找出存在的问题及原因，针对这些问题提出改进措施，形成成本分析报告。成本考核评价是指根据预先的成本考核指标对各业务部门进行考核，并形成成本评价报告。

（四）投融资管理模块

企业在确定战略后，需要投资活动来贯彻落实其战略，为满足投资需求，融资活动也必不可少。投融资管理模块的主要功能是基于充分的内外部信息对投融资的开展进行分析，对其具体开展工作进度进行监控，并对实际执行情况进行评价、总结，最终形成投融资管理报告，为企业的投融资决策提供依据。主要分为投资管理和融资管理两大模块。

1.投资管理

主要的作用是根据企业的战略规划，基于投资预算表，对各项投资活动的可行性进行分析，然后对相关活动进行监督控制，并对投资活动推进的具体情况及效益进行评价。其又可分为投资分析、投资控制、投资评价三个子模块。投资分析主要是从统一的数据平台中获取企业内部有关数据，如现有资金、技术等，并利用数据爬虫等相关技术对投资对象的相关情况数据进行收集，在充分的数据资源的基础上利用净现值、内含报酬率等工具分析其可行性，形成投资分析表。投资控制是指对已开展的投资项目的进展情况、资金的运用情况、资金占用成本进行实时的监测，以及时把控投资活动是否按照预算在执行。投资评价的功能是以预先设定好的投资预算评价指标对实际的投资活动进行考核评价，并根据具体情况提出相关的建议，为管理者做出投资管理决策给予支持。

2.融资管理

主要的作用是根据企业的投资需求，基于融资预算表，对各项融资活动的可行性进行分析，并对融资活动推进的具体情况和效益进行实时监督与评价。其又可分为融资分析、融资控制、融资评价三个子模块。融资分析主要是通过深入分析企业的资本结构、融资需求等内部相关需求与外部相关信息，权衡好融资与风险，形成融资活动的可行性分析表，提供给企业相关管理负责人。融资控制的主要功能是对完成融资后的还款情况、还款期限等进行实时监测，可以建立统一的融资管理台账来对融资的还款情况进行统一管理。融资评价的主要功能是以预先设定好的投资预算评价指标对实际的融资活动进行考核评价，并对企业的偿付能力、潜在的融资风险等进一步地分析，形成融资评价表以辅助企业更好地推进融资活动。

（五）风险管理模块

每个企业都会面临风险，将其严格控制在符合相关制度要求和企业的风险容忍度范围内，是企业推进战略的保障。风险管理模块的主要功能是完成对企业面临的各种风险的全面识别、实时监控、准确应对、分析评价，并形成风险管理报告，辅助企业决策。其主要分为风险识别、风险分析、风险预警监测、风险应对、风险管理评价五个子模块。

1.风险识别

企业在进行战略规划时，就会对企业可能面临的内外部风险进行预测、识别，并根据企业中面向风险的数据集市中的相关风险历史数据，对相应的风险点设置一定的风险预警值以更好地管控风险。但由于内外部环境复杂、多变，还是需要对可能面临的新风险进行识别。主要是基于对数据中心的内外部数据充分收集，对企业经营活动中存在的风险事项、风险事件、风险因素进行识别，并将相关数据记录至风险主题数据集市中，以便集中分析处理。

2.风险分析

主要功能是利用风险评估分析工具对已识别出的风险事项的相关情况进行分析，主要包括对风险形成的原因、可能的特征、发生的概率大小、持续的时间、会带来的不利影响等方面，并能对各类风险按照严重程度进行排序，自动生成相应的风险清单，及时提供给管理者，为有效管控风险提供基础。

3.风险预警监测

主要是根据风险清单对各项风险设置相应的预警指标，并设定预警区间，将预警点设置在风险源头上，以及时监测各项风险的状况。当风险数据超过各预警区间的临界值时，系统会自动发出相应的预警信号。

4.风险应对

主要是各级管理层可以根据预警信号，根据企业风险管理目标采取相应的对策，以有效地应对风险。

5.风险管理评价

其功能是按照预先设定的评价指标对企业各责任单位相应的风险管控活动进行评价，并形成风险管理评价表。

（六）绩效评价管理模块

绩效评价管理整合了企业战略、资源利用、业务活动与组织行为，以绩效考核评价与激励并重的方式，大力调动员工对预算目标的执行力，充分落实资源在各项业务活动中的优化利用，以促进战略目标的达成。绩效评价管理模块的主要功能是帮助相关部门根据各项经营活动的执行结果来对企业各员工进行绩效评价并进行相应奖惩。其包括绩效目标设立与分解、绩效追踪、绩效评价分析三个子模块。

1.绩效目标设立与分解

其主要是绩效管理部门根据总的战略目标设立绩效评价的总体目标以及不同管理层级、不同维度的绩效子目标，并将之分解、分发至各层级。

2.绩效追踪

主要功能是利用系统后端ETL工具对各企业的业财系统中的有关绩效数据进行实时查询、抽取、转换、整合，再利用DM、OLAP等技术对相关数据进行深入挖掘与多维度分析，并通过可视化技术将企业各项绩效指标的完成水平同步呈现给各层级的管理者，以对绩效目标的实现情况进行实时追踪。

3.绩效评价分析

主要是帮助各绩效评价部门对相应的评价对象，对企业全体成员的业绩进行定期或不定期的考核评价，并对考核结果进行深入分析，对未能达到相应目标的部门和人员，找出原因同时提出相应的改进对策，对超额达标的情况也要进行分析总结，以更好地优化各项业务流程及管理流程，并形成相应的绩效评价报告。

（七）管理会计报告模块

管理会计报告模块主要是对企业内部各类管理会计信息的汇总体现，其主要功能是汇总、整合全部的管理会计报告并进行统一管理。各管理会计报告之间是相互联系、相互影响的，但各有侧重，统一于满足企业规划、决策、控制、评价等管理活动的需求。利用管理会计报告在企业不同层级之间信息的有效传递与沟通，提升信息处理、传递的效率，能够及时为企业的管理者提供决策的信息支持，这样有助于有效整合企业的各项资源，提高企业的经济效益与价值增值。

四、基于大数据分析的管理会计系统的实施环境

基于大数据分析的管理会计应用系统的发展是一项逐步推进、持续改进的系统工程，企业作为实施主体，需要在政府的引导与支持下充分利用市场机制，引入供应链上下游更多的社会力量协同参与。为了更好地推进基于大数据分析的管

理会计系统的应用，需要考虑如下的影响与制约因素。

（一）企业需求驱动

企业应当在自身发展战略的引导下，正确认识基于大数据分析的管理会计系统的发展趋势，充分考虑自身的实际需求以及系统的合规合法性和社会影响，统筹谋划、稳步推进。目前，企业的战略需求主要基于以下几个方面：一是日益激烈的市场竞争，要求企业降低成本、提高效率；二是企业管理转型升级，要求企业管理会计人员善用数据分析技术更好地创造新价值；三是为了更好地满足利益相关者的信息诉求，要求企业提供实时、动态、定制化的各类管理报告。为此，企业需要建立健全管理体制，构建科学的组织架构，优化业务流程，确保企业治理机制、管理架构、业务流程、信息系统等跟上时代发展步伐。

（二）技术供给和资源供给推动

一方面，新一代人工智能技术的快速发展，特别是大数据智能、跨媒体感知智能、混合增强智能、群体智能、自主协调控制与决策等共性关键技术的突破，为基于大数据分析的管理会计系统的发展提供了重要的理论和技术支撑。其中，以深度学习为核心的大数据智能使得系统具有学习能力，跨媒体感知智能使得系统具有人机交互能力，群体智能使得系统具有群体协同合作能力。另一方面，与基于大数据分析的管理会计系统相关的软硬件系统供应商、咨询机构、高校与科研院所以及各类教育培训机构、外包服务机构等，能够提供企业所需的软件、硬件、数据、信息、咨询方案、人才等多方面的资源。

（三）外部环境影响

政府相关主管部门通过法规、准则、指引、应用指南等制度规范体系，引导、协调、管理和推动基于大数据分析的管理会计系统。经济发展环境、社会文化和信任环境（特别是对大数据分析结果的信任程度）、法律环境（特别是数据隐私保护等）、信息技术环境以及公共数据资源的丰富度、可靠度、开放度和可利用度等，均会对企业构建基于大数据分析的管理会计应用系统产生重要影响。

五、基于业财融合的管理会计转型

（一）基于业财融合的管理会计转型机理分析

1.管理会计融入企业战略管理

战略管理是企业发展最核心的部分，企业的一切管理活动都是围绕企业战略展开的。战略管理对于为管理层出谋划策的管理会计而言，更是不可或缺的。只有参与战略管理，管理会计才能以其面向未来的分析能力以及对各类信息的专业判断，为企业把好第一关。

管理会计为了融入企业的战略管理，真正发挥其管理的职能，要熟知企业的外部环境。企业的外部环境是企业生存发展的根基所在。周琳等人认为，企业的外部环境既可以为企业发展提供机遇，也可能会给企业的持续经营带来威胁。而转型后的管理会计应该做到在外部环境分析中为企业找准定位，为企业战略的制定提供有用的信息及数据支持。

2.管理会计融入企业预算管理

管理会计是企业实施预算管理不可缺少的重要组成部分。预算管理是企业管理层控制企业的最直接手段。近年来，预算管理可谓企业内部管理手段中应用最广、同时也是最行之有效的方法之一。合理的预算管理可以为企业带来更加有序的环境以及更加稳定的收益；反之，则会让企业处于一片混乱之中。只有管理会计在预算管理中充分发挥其职能，才能为企业争取到最大的收益。在实际工作中，预算管理不仅是对企业各部门的一种刚性控制手段，还应根据企业内外部环境的变化而变化。管理会计应该结合企业外部信息、企业内部财务状况、企业长期战略进行综合分析，预算管理中的具体指标也应随着外部局势的变化而变化。

3.管理会计融入企业绩效管理

管理会计的转型并不是要财务部门一家独大、取代其他部门的职能，而是要融入其他部门的工作中。在绩效考核中也是如此，管理会计并不会参与到具体的考核活动中，而是要参与到考核制度的制定中。

绩效管理是组织内部平衡集中控制与分散自主权的一种策略，管理会计通过优化绩效评价体系中的指标，来调整组织在集权与分权之间的平衡。简而言之，就是通过调整绩效考核的标准来实现对权力集中与分散的适度调控。例如，企业想要某子公司在利润增加的基础上加快资金周转的速度，管理会计就要将应收账款回收速度也纳入考核指标中，以此来提高子公司的周转效率，从而实现对下属单位的有效控制。而企业内部每个下属单位都有其相应的自主权，绩效考核与激励制度的另一大作用就是调动这些下属单位向着企业的战略目标前进。管理会计应充分地利用职能优势，深入了解业务，在参与绩效考核指标的制定为企业把关的同时，也能为自身融入企业业务收集更多信息、数据。许多企业在绩效管理中应用了平衡计分卡（BSC）的方法，这一理论认为，由于财务指标是在经济活动之后，如果用单纯的财务指标考核企业各部门，从时间角度来说，财务指标是相对滞后的。所以，平衡计分卡的方法旨在将企业外部的影响因素纳入绩效考核中，并将企业的长期战略细分为各种指标来建立平衡计分卡，再利用绩效考核的方式引导各个子/分公司向着企业长期的战略目标努力。

4.管理会计融入企业重大投资决策

企业的投资活动是企业执行整体战略中不可分割的一部分，也是衔接企业战略与最终经济绩效的核心部分。对于企业而言，重大投资活动是一种对未来的预测，并且决定着企业最终会取得的收益。企业的重大投资决策直接关乎企业的未来发展，而企业的重大投资活动往往伴随着周期长、规模大、投入高、不可逆、成本收回慢等特点。投资决策的原则，必定是要取得更多的利益，也就是让现有的资本增值。所以如何判断市场的未来走势成为管理会计的必修课。管理会计要从收集的信息中提取有价值的部分进行分析，分析结果必须能给企业的管理者提供明确的信息。在实际工作中，管理会计在分析投资方向时还应掌握许多专业的方法，比如货币的时间价值概念，以现值的方法计算预计投资收益现值。只有当投资收益现值能够超过投资成本时，这个决策才有实施的意义。

（二）管理会计转型的原则与途径

1.管理会计转型的原则

管理会计在业财融合的背景下转型，在实际工作中需把握四项原则。

（1）战略导向原则。

管理会计在进行管理工作时应考虑到，企业的一切经营管理活动都要紧紧围绕战略目标来进行。

（2）资源匹配原则。

企业应把有限的资源，根据各业务部门与企业战略的关联程度以及重要程度进行分配，把资源运用到企业战略更需要的部门中，更好地匹配企业战略，完成经济利益最大化的目标。

（3）协同管理原则。

在以战略目标为核心的前提下，各部门之间加强协同管理。只有各部门间互相配合，做到业财融合，才能提高企业运行效率，从而实现企业利润最大化的目标。

（4）风险匹配原则。

管理会计在工作中应充分考虑项目的风险，以及企业的风险承受能力，保证企业平稳运行。

除了上述原则以外，在实际工作中可能还要参考融合性原则、权变性原则、价值创造原则、目标可行原则、责任落实原则、客观公正原则、规范统一原则、科学有效原则等。

2.管理会计转型的途径

（1）管理会计融入企业战略管理的途径。

管理会计融入企业战略管理，其目的是让企业长期稳定地朝着一个更好的目标发展。管理会计融入战略管理主要依靠其收集、整理以及分析信息的能力。这些信息来源于企业的外部环境和企业的内部状况。管理会计在处理此类信息时，要利用自身专业知识做好筛选与分析工作。企业的战略管理是面向未来的，所以在收集与整理信息时要明白，这些信息必须是为企业的未来服务的；在分析信息时要始终遵循目标可行原则、资源匹配原则、责任落实原则以及协同管理原则，对企业内外部信息进行综合处理，让处理后的信息成为管理层判断的依据，才会帮助管理层做出合理的战略规划，最终为企业获得长期的效益。

（2）管理会计融入企业预算管理的途径。

将管理会计融入企业预算管理，使企业的预算管理更有控制力。要考虑预算管理的控制功能与协调功能，既要做到引导各部门朝着企业战略方向前进，也要做到根据实际执行情况及外部因素影响机动地调整指标。制定出符合战略导向原则、融合性原则、权变性原则的预算管理，以此帮助企业在人力、物力、财力的使用等方面得到优化，让资源配置达到最优结构，为企业长期稳定的发展助力。

（3）管理会计融入企业绩效管理的途径。

管理会计应该具备融入企业绩效管理的能力，帮助企业对下属单位或下属部门进行集权分权相协调的控制。这种控制要能够将各部门全面协调起来，并不以单一部门的盈利为目标，而是要使各部门携手为达成企业战略总目标而共同努力。在此期间，管理会计还能够通过绩效管理融入企业业务内容中，在企业内部向业财融合的实现迈出关键一步。最终，根据战略导向原则、客观公正原则、规范统一原则以及科学有效原则，给企业管理层就企业的绩效管理提出财务部门的专业意见，以达到绩效管理考核与控制的双重作用。

（4）管理会计融入企业重大投资决策的途径。

企业在投资决策时也迫切需要管理会计专业的意见，而管理会计也需要融入企业的重大投资决策中实现自身价值。管理会计融入企业重大投资决策是为了给企业的投资把好财务关。首先，管理会计师有着判断未来形势、分析预测未来趋势的能力，所以管理会计要利用好这一能力，将企业重大投资决策的制定与企业长期战略相契合。其次，管理会计师应具备较高的财务专业水平，用准确的数据和理性的分析为企业重大投资决策做出预测并降低风险。最后，根据战略导向原则、价值创造原则以及风险匹配原则为企业投资决策提出合理化的意见。

管理会计转型就是为了塑造面向未来且能充分发挥管理职能的财务人员。管理会计不仅要掌握财务会计的基本方法，还应发挥面向企业未来分析数据、制订计划的职能，与企业战略管理、预算管理、绩效管理、重大投资决策实现融合。首先，企业管理层与会计人员必须转变思想观念，学习现代财务理念，并了解管理会计转型的必要性；其次，管理会计需要在行动上进入业务部门，了解业务细节。在此过程中，与管理层、业务人员和其他相关者的沟通是不可或缺的，良好的沟通有助于转型的完成；最后，管理会计要求掌握现代信息技术手段，为企业捕捉最有价值的信息。

第二节　业财融合的技术工具——数据处理

一、数据采集与传输

（一）移动终端数据远程采集

移动智能终端具备接入互联网的功能，且通常搭载各种操作系统，根据用户不同需求可植入各类程序，移动智能终端包括智能手机、笔记本电脑等通用智能设备，也包括为某一功能而制作的专用设备。

根据服务需求，用户可利用专用的智能终端进行扫描、拍照、录入等采集数据，也可在通用智能设备中植入App进行便捷的数据采集工作。例如，对于普通报销流程来说，电子发票可通过微信、支付宝中植入的小程序获取，也可开发专门的发票识别软件；对于专门的批量报销来说，还可以研制处理效率更高的专用移动终端，通过拍照识别纸质发票等方式采集各类票据信息。这些数据可通过无线网络上传至云端，实现了利用移动终端轻松完成发票采集、在线填单、单据投递的报销发起工作。

采用移动终端数据远程采集策略的优势主要体现在以下几方面。

1.数据采集更加方便、灵活

无论何时何地，流程执行者都可以通过移动终端和共享服务信息系统进行数据交互，通过移动网络快速上传云端服务，使数据及时进入流程，保证数据采集的时效性。通过无线网络可以随时收发信息，实现了点对点的实时通信。

2.更加经济实惠

随着技术的成熟，各种移动设备逐渐平民化、大众化。

3.强化了数据责任人的意识

通过移动智能终端，可以完整保留每名对象的数据处理痕迹，数据可直接追溯到责任人的移动终端，极大提高了数据调查能力，进一步强化了数据解释力度。

（二）数据机器人自动输入

数据机器人通过对人类判断和操作的模拟，能够进行数据的收集和整理，再结合一系列认知技术便能够实现对传统财务人工录入的替代。

对需要录入信息系统的数据信息，数据机器人模拟人员操作，先是识别纸质文件信息或接收电子文件信息，然后将预填充的数据自动录入对应区域，最后对原始文件进行归档。

采用数据机器人自动输入策略的优势主要体现在以下几方面。

1.办公的性价比提升

相较于人工，机器人可以全天候工作，不受人为因素干预。对不同的发票、合同等样本格式，只需要采用不同的程序模块即可实现批量操作，大幅度减少人力成本的投入。

2.数据的质量更加可靠

通过构造明确的运算逻辑和标准，使得输出结果统一，更有利于数据的进一步加工分析。自动进行的各个操作都会以数据形式沉淀在信息平台，具备可追溯性，一旦出现问题，更容易发现和解决。

3.数据采集更加迅速及时

机器人工作量和工作时间可根据需求延长，满足各项业务需求。

（三）射频识别技术提取数据信息

在基础数据的获取环节，公司可以利用无线射频技术将机器生产中的行为转化成可以被统计的数据。无线射频识别即射频识别技术（Radio Frequency

Identification，RFID），是一种自动识别技术，其原理是通过无线电波对记录介质进行读写，实现数据的识别和交换。射频识别技术的突出特点就是不接触但可以非常快速地进行信息交换和存储，然后还可以通过连接数据库系统，供数据使用者进行访问。利用射频识别技术进行数据传输，可以大大降低人工统计的错误率，提高数据的及时性和安全性。

二、数据预处理

（一）数据预处理的步骤

大数据由于其数据来源多元化、数据类型多样化、数据结构复杂化，易导致数据质量参差不齐。然而高质量的数据是开展数据分析的前提，进而影响相关预测和决策的准确性，对管理会计师的工作产生负面影响。准确性、完整性和一致性是数据质量的三个核心要素。具体来说，高质量的数据是完整的、有效的、准确的、相关的、一致的和及时的数据。高质量的数据是企业重要的商业资源和商业资产，是形成企业核心竞争力、增强企业价值创造能力的基础。为了获取高质量的数据，必须先对数据进行预处理，数据预处理是进行数据分析、挖掘前的重要准备工作。数据预处理主要包含以下步骤：数据清理、数据集成、数据归约和数据变换。

1.数据清理

数据清理通过填补缺失值、光滑噪声和识别离群点等，来纠正数据的不一致性。若数据使用者对基于这些数据所做的预测与决策结果产生怀疑。数据清理包括剔除重复数据、补充缺失数据、消除噪声数据等。在分析数据的产生来源和存在形式后，充分利用最新的技术手段和方法，将数据转化为满足数据质量或应用要求的数据。

2.数据集成

数据集成是指对多源、异构的多个数据进行有效融合，主要涉及数据的选择，相关数据、冲突数据及不一致数据的处理融合等问题，有助于减少结果数据集的冗余和不一致性。

3.数据归约

考虑到复杂海量数据的分析处理难度大，为提高分析计算效率，需要在不影响分析结果的前提下，通过维归约、数量归约和数据压缩等手段实现数据集的简化。其中，维归约主要使用数据编码方案，得到原始数据的简化或者压缩；数量归约主要使用参数模型和非参数线性模型，用替代的、较小的数据表示形式替换原数据；数据压缩主要使用变换得到原数据的归约或者压缩。

4.数据变换

数据变换主要是找到数据的特征表示，用维变换或转换来减少有效变量的数目或找到数据的不变式，将数据转换成适合于后续分析和挖掘的形式。

（二）数据预处理方案

利用光学字符识别技术（OCR），可对扫描所得的图像进行灰度化、降噪、二值化、字符切分以及归一化等预处理，并能够对文字图像进行特征提取和降维，从而实现图像识别和分类。在此基础上，进一步对分类结果进行优化校正和格式化，最终将从图片中提取的关键字段信息，输出为能够结构化处理的数据。进而对关键数据进行审查、判断和分析，无误后按照标准模板输出文件，完成从图片到信息的转换与初加工。

数据的预处理可以由数据采集设备植入的程序自行处理，也可由财务共享服务平台以云处理的模式进行处理，或是在移动设备和共享服务平台上进行分步骤处理。原始图片、文本等非结构化数据同时沉淀在平台上，作为后续平台升级、数据深度挖掘的资源。

利用OCR技术进行图像识别方案的优势主要体现在以下几方面。

1.实现了数据的智能化采集，为流程的自动化奠定了基础

经过预处理后，计算机对非结构化的数据进行整合，把不可进行统计分析的图片、PDF等数据变成可直接处理的表格数据，形成可供各模块直接使用的标准化、模块化数据，为数据处理、分析、应用奠定基础。

2.数据结构可灵活配置定义

根据业务特点进行类别管理及模板配置，自定义录入字段等要素规范，满足企业个性化数据采集需求。

随着以计算机视觉技术为代表的人工智能技术的发展，利用OCR技术进行图像识别，采集发票、合同等纸质材料信息并形成标准的、结构化的数据，从而保证了数据分析过程的时效性。

三、数据分析

（一）数据分析分类

1.描述性分析

描述性分析主要回答过去发生了什么的问题，是数据分析中最简单的一

个类型，也是最常使用的数据分析类型。通常以描述性统计、关键绩效指标（KPI）、仪表盘或其他类型的可视化数据来分析。描述性分析一方面反映过去，对过去进行总结，另一方面可以进行趋势分析，有助于加强成本费用控制和风险管控。

描述性分析意味着将过去和当前的数据转换为报告、图表、数据透视表等形式的可用信息，能够帮助管理会计师全面、高效地了解公司当前经营状况和财务业绩。例如，将营业收入增长率与前期数据相比可以帮助管理会计师了解公司成长能力，与行业基准相比可以看出公司是否保持竞争优势。除此之外，描述性分析在顾客、企业、员工层面也有助于管理会计师发挥其职能。

2.预测性分析

预测性分析是根据当前可能收集到的数据对以后的某个时间点或者时间段进行预测，随着日期的临近，预测结果的准确性更高。管理会计师通过预测性分析技术可以更加准确地预测销量，再根据销量确定产量，进而确定原材料的采购量。通过对下一年业绩的预测，可以为企业、部门、员工设定相应的业绩目标，为年终的绩效考核提供参考。如果管理会计师认为实际的绩效比预期的结果要差得多，那么他们就需要判断这种缺陷是由内部控制的缺乏造成的，还是由不恰当的预测模型选择造成的。

3.规范性分析

规范性分析主要回答如何做得更好的问题，是在获得描述性分析和预测性分析结果的情形下，通过寻找一个或多个解决方案，分析每个解决方案的可能结果，给出最优解决方案，从而能够有效地指导我们应该怎么做才能获得更好的结果。

随着企业间的竞争日趋激烈，要保持竞争优势，企业无时无刻不在权衡利弊，以做出最优选择。例如，对于产品同质化竞争十分严重的行业，产品市场份额的竞争是产品质量与产品成本的综合考量，为了既降低产品成本又保证产品质量，企业必须寻找最合适的原材料供应商，降低成本。

（二）基于财务共享服务的数据分析策略

1.构建面向需求的成熟报表体系

在成熟的报表体系下，共享服务平台数据可以自动完成包括价值分析、自动预警、趋势预测等数字化管理任务。例如，对于价值分析，可通过搭建综合性分析模型深度挖掘数据价值，分析数字背后的业务逻辑，实现从会计科目的小数据向多维分析的大数据转变；对贴合业务实际设计多样化预警模型，实时监控重点数据，及时发现数据异常，敏锐识别经营风险；对于趋势预测，可基于大数据建立多因素预测模型，探析数据中隐含的关联关系和内在规律，把握趋势、预测未来。

2.规模化数据的智能化挖掘

财务共享服务平台沉淀了大量的企业内部活动和与外部对接的过程数据，形成了数据规模，结合大数据分析模型及算法，在人工智能技术的帮助下，可从数据中挖掘出大量有价值的信息，并形成方案、建议，有效支持企业经营管理和决策，助力企业数字化创新。

（1）制定个性化服务方案。

由于交易数据都经过财务共享服务平台，平台上会沉淀大量用户的历史行为，基于此，可构建个性化服务的推荐系统，使用智能化算法对用户的历史行为建模，搭建数学模型分析用户的消费取向和偏好，结合企业的服务项目计算相似度，进行智能化匹配，最后分析出用户感兴趣的项目，并将项目推荐给用户。这种智能客服、智能商业等真实场景的应用，在用户没有需求、需求不明确或者企业服务项目数量过多时，能高效地制定个性化服务方案为用户服务，提高服务质量。

（2）参与规划、决策。

在大数据的基础上，利用人工智能的算法，可将信息转化为知识，进而创造出智慧，用来提供自动化的智能知识服务。在当前技术条件下，通过为数据添加语义、规则，算法模块会自动地依据规则去分析、判断，进而基于数据进行分析、规划和决策，形成管理型的智能应用程序。对于企业管理来说，数据分析模块基于自身的规则能够直接提供对规划、决策等方面的意见与建议。

第三节　业财融合的保障——组织行为与文化

一、业财融合的组织战略模式

（一）财务主动嵌入模式

该模式是指财务主动嵌入并服务于业务部门的融合模式。其特征如下：①以业务经营为服务对象，主动重构公司财务组织以满足业务发展需要。②财务嵌入业务的动因，既来自业务对财务管理需求的驱动，也来自现代信息技术、财务共享等对财务组织转型升级的要求。③业财融合不仅是"业务融入财务"，还强调"财务主动融入业务"，即强调财务对业务发展的决策支持、资源保障、风险把控等方面。在这里，所谓决策支持是指主动参与业务决策，高度介入业务运作并进行精细化管理；所谓资源保障是指根据业务发展需要适时配置财务资源，支持业务发展；所谓风险把控是指在交易结构设计、业务发生等环节，财务根据合规性要求规范业务经营行为，并从战略、运营等各方面管理公司风险。

财务嵌入业务的融合模式，本质上可看作是在制度上不规范、不成熟的情况下，财务部门主动参与管理的自觉模式（从而有别于制度化模式）。在这一模式下，财务部门需要根据业务发展重构财务组织、重新定义财务职能。

传统意义上，财务组织结构设置主要依据部门职责，如会计核算、资金管理、税务管理等。随着会计核算体系的集中化、共享化，财务组织及其职责将一改核算型模式，向战略与规划财务（战略财务）、业务决策与运营分析财务（经营财务）和基于合规性的会计核算与信息共享财务（基础财务）等架构转变。

财务主动嵌入模式的实施主要分5个步骤：根据企业经营模式进行经营环节分区；细分每个区域内的业务关键环节；确认每个细分业务下的财务相关点；根据相关点来确认财务管理控制点，并在整个经营过程中进行嵌套；串联各个控制点进行体系化闭环管理，逐渐形成业财融合的财务管理体系。

以传统制造业为例，根据传统制造企业以销定产的经营模式，主要将经营过程分为订单承接、订单排产、生产制造、销售及售后四个大的部分。以销售订单承接为整个经营业务的驱动起点，以实现销售及售后为业务终点，企业经营业务本身形成完整链条。针对每个业务部分细化了与财务紧密相关的经营环节，同时在经营流向下嵌套了财务管理的控制点，根据控制点进行财务管理的相关活动，根据业务本身来进行经营结果的预测、跟踪、确认和反馈。将所有业务导向的财务管理活动进行推进，则形成了封闭循环式的财务管理体系。

所有的财务管理活动综合在一起，主要形成两个闭环管理体系。第一，以损益表为核心的经营结果管理体系；第二，以现金流量表为核心的资金管理体系。

在订单承接阶段，根据投标文件的技术标准和投标价格，可以初步确定订单的收入水平和产品的设计成本，结合签订合同的交货期，组合预计同一会计期间内的销售订单，即可进行第一次收入、成本、毛利预测，考虑企业的费用率水平，即可得出初步的损益表预测，该预测可作为企业未来战略的数据支撑。在订单排产环节，根据采购计划和生产计划可以得出相对准确的材料成本和制造费用分摊情况，而订单的出产计划即决定收入水平，相应可以得出相对可靠的损益表预测，该预测则可作为企业年度经营方案的数据支撑。

到此，基本形成了以经营预测为主的财务管理的事前管控体系。在生产制造环节，通过跟踪设计方案、采购合同以及制造情况，可以计算出产品的变动成本和固定成本，实现相对精确的损益表预测，该预测可作为年度生产经营的过程纠偏以及经营方案调整的数据支撑，完成以经营跟踪纠偏为主的财务管理的事中控制体系。最后，在生产制造环节后期和销售环节，完成各个科目的记账、报表的出具和订单执行结果的确认，此环节除了准确反映和计量经营成果外，还可以对事中的纠偏进行检验，最终的结果也可以对事前的预测方法进行不断修正，订单一旦中标，则同步进入财务管理体系。

在资金管理方面，事前预测时可以根据合同条款、各个排产计划进行资金收支时点的前置管理，对资金缺口或冗余配以相应的融资或投资方案，进行资金平衡，生产制造环节和销售环节则是对资金平衡过程的执行和不断纠偏，通过反复平衡和执行，可以实现企业资金收支闭环管理和资金使用效率的不断优化。同时，资金管理体系结合应收应付科目，也可以作为业务部门客户管理体系、供应商管理体系的财务支撑。

（二）项目制模式

业财融合不仅体现在制度化、主动嵌入等组织模式上，还经常体现在因业务经营需要而组建不同的跨职能团队、项目团队等项目制组织形式中。跨职能团队是指在正式组织内部，由来自不同职能部门的人员共同组建的横向组织，它通过团队成员合作以实现新产品开发、提高组织运营效率等团队目标。跨职能团队具有相互依存、灵活、持续学习等特性。作为嵌入科层体系内、旨在增进各部门间的一种新型组织形式，它有助于提高组织灵活性和应对外部环境变化的能力，通过拓宽部门视野（即从过去的"部门"拓宽到"组织整体"）来强化信息沟通、知识分享以提高组织创新能力，激发组织变革。项目团队是为实现组织内部设立的重大项目（如研发项目、投资项目等）目标，而将相关设计、工程、财务、采购、生产等人员组建起来的正式组织。

理论上，上述模式之间不存在非此即彼的互斥关系，它们间的差异只体现在业财融合的应用层面和应用程度上。

二、制度体系建设

（一）职能管理体系

企业要积极构建与业财融合匹配的组织机构与管理体系，着力打造组织扁平化、跨部门作业、经营权力下沉、流程敏捷的职能管理体系。

业财融合的实质是企业市场经营线与行政综合线之间的协同与贯通。现存企业内部的科层组织、直线式管理、总部权力集中、各业务单元完全依令行事的管理体系是业财融合的组织桎梏。企业内部运营和外部价值链要实现一体化、无边界、数字化全覆盖，使市场、运营、生产决策与财务信息能够形成数据上移、平台管理、责任下沉、权力下放、独立核算、自主经营的高效运营组织体系。业财融合的实现在组织上必须模糊企业的运营前台与管理后台，打破各职能管理的条块，压缩上下级信息传递层级。在管理会计理论中，按照管控的重点不同，可分为运营型管控、战略型管控和财务型管控。其中，运营型管控总部充当经营决策与经营管理的指挥中心，强调统一经营运营、资源集中配置和业务管控，重视过程控制；战略型管控总部充当投资决策中心，主要负责全公司的战略规划、投资决策、协同发展，下属单位属于利润中心，具有较大的经营自主权；财务型管控总部充当财务投资中心，对各下属单元主要利用财报指标与业绩结果进行评价，不太关注具体的业务经营管理，下属单位在资源配置、战略规划、经营业务、财务收支等方面都具有较大的自主权。在业财融合的导向下，每个企业在综合内外经营环境、企业战略类型、下属单元对总部战略重要性以及自身管理基础与规范性等因素之后，可选择企业的管控模式，并保持一定时间内的相对稳定。管控体制不同，业财融合的工作机制、流程与重点都会有所差别。无论采用何种管控模式，有一点应该成为业财融合下相同的组织取向，即应该在企业内部大力推进市场化和契约化结算的机制。也就是内部经营关系尽可能模拟市场运作，通过签订合作协议，建立契约关系，明确服务双方合作内容、服务质量、响应速度等一系列权利和义务，促进内部分工与内部协同，既放大内部自主活力，也减少内部协调阻力。

（二）业绩评价考核体系

科学合理的业绩评价体系和薪酬体系，可以满足员工追求和实现利益的需求，对激发和调动企业员工主动参与、密切配合、相互合作的积极性有着重要作用。

1.建立科学有效的业绩评价体系

在知识经济时代，拥有知识的人力资源已经成为企业生产经营活动中最为重要的一种资源，成为企业能否取得和保持竞争优势的关键因素。建立科学有效的业绩评价体系，一是要遵循可行性原则。绩效考评体系要适应本企业的客观情况，方案的设计要兼顾不同部门的工作性质。考核指标的设置，既要考虑员工完成本部门工作的情况，也要考虑其对企业整体效益所做的贡献。既要考虑员工独立完成本职工作的情况，也要考虑其为其他部门的工作提供的服务和帮助。二是要坚持公平公开原则。所谓公开，就是要让每一个员工了解、明确考评的政策与程序。所谓公平，就是做到客观公正，考评的结果能够真实地反映员工的实际绩效。三是要坚持及时反馈原则。考评的结果要能够及时地反馈给每一个被考评者，以帮助其改善自己的工作，充分发挥其沟通、奖惩、激励的功能。

2.建立公平合理的薪酬体系

企业根据自身的客观实际构建一个公平合理的薪酬体系，让员工参与到价值分享的过程之中，有利于吸引和留住企业所需要的员工，提升员工的满意度和忠诚度，同时可以鼓励员工努力提高完成工作所需要的技能，全身心地投入价值创造的过程之中，以此来提高工作效率，从而加速业财融合的进程。公平合理的薪酬体系，包括薪酬水平和薪酬结构两个方面。就薪酬水平的确定而言，企业需要以科学的业绩评价为基础，根据行业的平均水平、自身的经营状况以及员工的期望水平等进行综合考量，确保每一个员工的薪酬水平与其工作业绩相一致；就薪酬结构的确定而言，企业应当多方面综合考量，包括固定工资与浮动奖金相结合、长期利益与短期报酬相结合、精神激励与物质奖励相结合等。

（三）人才培养和管理体系

具有现代意识和素质的人才是业财融合实施和推进的主体，健全企业人才的培育和管理体系，完善人才管理机制，可以为业财融合的推进提供人力资源支持。

1.完善人才教育培训内容

业财融合需要业务部门和财务部门的人员，优化知识结构，提升综合素质和能力。要想适应这一需要，企业必须完善人才教育培训的内容，对企业员工进行综合教育和培训。对于财务部门来说，在强化对会计人员进行专业知识培训的基础上，要加强有助于提升其综合素质和能力的知识和理论的教育培训，如与业务流程相关的知识、投资理财和资本运作方面的知识、企业战略管理方面的知识等。对于业务部门来说，要在强化其专业知识和技能的基础上，对其进行财务和经营管理方面的知识教育，强化其财务管理、成本投资、经济效益等方面的知识和意识。同时，不管是对于业务部门还是财务部门的人员来说，都要对其进行沟通协调、团队合作、信息管理、风险识别和防范等方面的能力训练，特别是要对其进行现代经营管理意识和理念的培养。

2.健全人才培养方式方法

要结合时代和自身发展的需要，创新人才培养的模式，做到在岗培训与脱产学习相统筹、个人自学与师父帮带相结合、日常学习与定期培训相补充、综合培训和专项培训相协调、理论学习与实务操作相统一，探索灵活多样的教育培训方式。

3.健全人才培养的管理制度和政策

在人才教育培养方面，打造学习型企业，为员工学习提供人、财、物等全方位的支持。在人才的使用方面，要完善职务、技术职称的评定、晋升制度和政策，及时发现人才并将其安置到合适的工作岗位上。

三、基于业财融合的企业文化建设

企业文化是企业在生产经营活动中所培育起来的具有该企业特色的价值观念、企业精神、道德规范、行为准则、企业制度、企业产品等。企业文化对企业员工的活动具有约束、规范、引导、调控等作用。加强企业文化建设，培育相互信任、开放分享、团结协作、合作共赢的企业文化，有助于激励广大员工积极投身企业的生产经营活动中，为业财融合工作的推进营造有利的文化氛围。

（一）培养员工共同价值观

实现从业财分立到业财融合的转变，需要财务人员和业务人员在思想观念上进行更新，树立和强化合作与共享的价值观。价值观对人的行为起着导向和规范作用，拥有共同的价值观可以使不同的人在思想上和行动上保持协调统一。企业要想激励员工积极参与到企业的价值创造活动中，相互协作和配合，就必须要培养他们共同的价值观，使他们拥有共同的目标。为此，企业必须加强企业文化建设，确立一个明确而清晰的共同愿景。同时，要加强对员工企业价值观的培养，通过教育宣传以及组织相关的活动，使企业员工认可并接受企业的价值观。一旦认可了企业的价值观，拥有了和企业相同的目标和愿景，企业不同部门的成员为了企业的发展，就会自觉、自愿地分享各自拥有的知识，相互协作，业财融合的管理模式才能顺利推进。

（二）营造相互信任的文化氛围

相互信任是人与人之间进行有效合作的前提和基础。在企业的生产经营活动中，不同部门或人员之间不能相互分享彼此拥有的知识，除了他们各自所承担的工作内容和职责不同之外，还有一个非常重要的原因，就是彼此之间缺乏信任。因此，企业要通过文化建设，培育员工相互信任、相互合作的精神，营造相互信任的文化氛围。企业可以在生产经营活动中，通过组织联欢会、体育比赛、座谈会等方式，为员工之间的沟通和互动创造条件和机会。

（三）构建开放共享的文化环境

在企业运营的过程中，员工出于对自身利益的考虑而对知识的分享和彼此之间的协作产生一定的抵触，而开放共享的文化环境则有助于减少甚至消除员工的顾虑，可以激励员工之间进行沟通与交流。构建开放分享的文化环境，可以借助多种方式来实现，如不定期地举办员工之间的交流会、沙龙等活动，创造开放、轻松、自由的环境，让企业员工在轻松愉快的氛围中逐渐培养共享、合作的意识和理念。

第六章　业财一体化赋能

第一节　企业战略与战略财务一体化赋能

一、战略规划工具一体化赋能的逻辑与路径

企业战略决定其未来发展方向。因此，在企业选择进入的行业、建立竞争优势、实现可持续发展层面，战略至关重要。企业能否实现可持续发展，主要取决于其选择进入的行业和打造核心竞争力两个层面是否得当。选择进入的行业层面，重点是企业是否采取多元化策略、实施纵向整合、顺利进入和退出等，对市场进行洞察，针对客户来源和竞争者制定相应的对策，实现前瞻性规划；打造核心竞争力层面，重点是企业在特定行业制定并执行可保持竞争优势的战略。

（一）业务层面的战略实现路径与工具

为推动企业战略落地，需要将其分解并落实到执行方案与对策中。业务层面一般通过构建相应的模型和工具来分解；财务层面一般针对业务进行信息整理和量化，解决投资回报和风控、资产运营质量和投资回报模型、专项与全面预算及分析等相关问题，并提出对策建议。

业务层面，采用行业生命周期及企业生命周期模型、核心竞争力和企业能力分析模型、SWOT优劣势与机会风险分析模型、PEST分析模型等各类业务分析模型；财务层面，通过管理会计的响应模块发挥财务支持作用。因此，在业财一体化赋能逻辑下，财务的管理会计作用不断凸显。管理会计通过建立竞争情报系统来评估竞争者的能力，该系统能够协助企业制定、评估和修订企业目标、战略和策略。

针对企业所在市场及产品，管理会计搜集、整理相关资料并将其转化为信息，为企业管理层做决策提供参考。对获得的相关财务信息进行整理，按照量化投入和回报产出的财务模型进行匹配，对财务信息进行分析，明确企业目标与财务量化的协同，厘清企业短期目标、战略、长期目标与投入产出的关系，同步优化企业内部流程，并不断评估新业务方案带来的财务模拟结果的可靠性。企业针

对各类模拟评估结果，不断改进业务模式；对内控缺陷、效率及效果进行量化评价，据此不断改进商业模式、运营方案、优化流程等。

通过上述业务工具来制定战略和执行战略，通过财务的管理会计工具来量化战略规划设计、运营、优化等方面，为企业管理层做决策提供支持意见。管理会计的财务分析技术包括成本分析模型、收入分析模型、资产运营质量模型、比率分析系统模型等。

因此，企业可借助管理会计的财务分析技术及财务模型开展其战略制定工作，并对战略执行结果进行对比分析和评价。企业依据管理会计各个模块的价值，对其业务的不同层面进行量化分析和评价，并对竞争者进行研究，从而提升自身的管控能力，落实发展方向。

（二）财务层面的传统路径与数字化实现工具

1.业财一体化下业务与财务的顶层逻辑和传统路径

在企业财务管理实践中，管理会计是针对企业经营管理中面临的问题，应用经济学和管理学的分析方法，利用会计表达工具，开展相关数据确认、计量、分类、汇总、解释、分析并报告的类似会计循环的管理活动，最终解决企业实际问题，优化相应的管理系统。因此，在业财融合上，财务层面的重点是管理会计的赋能，解决企业经营管理方面的问题，可通过管理会计系统开展会计活动来实现。企业可利用管理会计的模型和方法，分析经营管理中存在的实际问题、针对性地提出相关对策。管理会计是通过建立相应的会计模块，采用会计表达的方式，再利用科学的分析方法建立财务模型，分析企业经营管理中存在的问题，并提出相应的解决措施的活动、过程或体系。

这种根据企业经营管理状况不同而匹配的管理会计活动，没有统一适用的标准化管理会计系统。通过管理会计对企业个性化应用场景进行量化分析，是基于企业属性的灵活应用，从明确问题、构建管理会计的分析模型，到建立管理会计体系，进行全方位、系统的现状评价，再到对企业发展的外部环境变化和内部情况进行系统性了解，可对企业发展进行前瞻性预测，并采取妥善、科学的方式，针对地进行持续改进。

管理会计需要沉淀较多的财务系统知识，并针对经营预测进行量化分析，所以除了需要针对企业外部环境和内部情况进行因素分解和系统考虑外，还需要具备应用丰富的财务知识进行转化的能力。管理会计相关知识与应用在个性化企业中有机融合，通过设定严谨的假设条件，达到科学预测的效果，用逻辑化的预测模型得出的量化结果对未来的不确定性进行管理，根据问题导向和目标导向"创造"数据，变企业发展目标为未来实现的可能性。在这个复杂的过程中，只有确保数据无误、逻辑清晰、依据充分、集体智慧、全员协同，才能获得令人满意的结果。

2.财务量化预测等转化并支持业务发展数智化落地

从顶层逻辑和财务管理赋能角度看，传统模式下管理会计工作实现了对财务数据的量化分析、前瞻性预测，并可提供完整的反馈结果。但由于业务数据与财务数据的衔接接口没有打通，业财一体化更多地停留在顶层规划层面。同时，业财一体化支持系统缺失也导致财务系统和业务系统无法全面融合。面对这种情况，企业只有借助数字化赋能，推动智能管理会计转化，解决人力因素不可控及计算结果偏差问题，才能有效保证管理工作高效运行，确保达成价值创造效果。

二、全集成的智能化赋能方案

（一）前中后台全集成系统化赋能方案

在专业化分工基础上，基于底层逻辑的变革实现数字化转型，使业财一体化得以快速发展。

从全集成系统化逻辑来说，其最大的作用就是降低交易费用，提高整体协同性。业财一体化往往带来系统边界的扩张，并实现系统结构的优化。通过优化系统内部结构，打破内部壁垒，解决内部协调性不足问题，对系统边界可以再次进行交互。内外交互的效果就是实现有效的扩张，这也要求系统与企业上下游形成相互链接，通过接口和业务逻辑模式的磨合，推动企业及其上下游形成链条，实现外部性内部化。将外部环境的一部分纳入企业运营系统，增强企业内部系统与外部环境的协调性，直至形成生态系统。四网协同+业财一体集成化赋能模式体现了前中后台全集成系统化赋能结构。

业财一体化实现了企业的作业协同，这正好符合企业业财一体化的整体要求。

具体来说，企业的业务前台与财务后台形成供需融合和统一的价值理念，借助中台支持系统的衔接，推动企业与用户开展直接交互的价值创造活动。业财一体化的转变，推动企业的市场化激励和共享机制建设，形成全员自驱动模式，协助企业组织形态进化，转向分布式的组织形态，并在此过程中达到人客合一的状态。人体现在员工、组织、渠道商的协同；客户体现在用户需求及价值的协同。

业财一体化主要体现在可形成企业生态链，通过生态链再形成企业的价值链管理。所谓生态链形成的价值链管理，就是融合了企业供应链及需求链的组合，通过合作形成协同的战略定位，成为高效运作、相互关联的企业组织。价值链管理以虚拟价值链和价值网的连接方式，实现了企业组织的法人界限，借助数字化技术赋能，将企业组织上下游的相关方紧密连接起来，实现平台化联系。

这实质上形成了超出单一企业、集团企业及价值链管理的平台化思维，借助平台网的企业生态组合，形成一个包括核心企业、分销商、供应商、合作伙伴、竞争对手的介于公域与私域之间的价值网。

从企业追求可持续发展诉求角度来说，实现平台化合作协同，可形成同一价值链上各个节点企业的各自利益诉求与总体利益诉求的协同；形成生态链上所有成员企业整体价值最大化的协同。这种业财一体化的集成模式和带动效应，实质上可以推动全系统网络的融合。

从物理角度来说，价值链融合系统涉及天网、地网、人网、资源网，也就是"四网融合"。具体来说，天网包括线上平台、友店主、大网（50+）等；地网包括线下门店、产品品牌店、连锁机构、社区等；人网包括地推团队、独立经纪人、微店主、线上营销等；资源网包括渠道商、供应商、异业联盟、各个协会等。

价值链管理是借助业财一体化的逻辑，推动企业聚合、创新、赋能、共享的协同。具体来说，聚合是指把分散的各方聚集到一起，在网络用语中指对互联网各种信息的集合，用共同的事业梦想聚合各方资源，实现产品、服务、渠道、精英人士、生态产业等的聚合。创新是指人类为了满足自身需要，不断拓展对客观世界及自身认知的活动。企业通过上述融合模式，实现商业模式创新，通过天网、地网、人网和资源网，更快更好地服务每一位顾客。赋能是指通过共同创造，如事业共创、价值共创，让生态链上的所有企业都能实现价值最大化。共享是指共同分享，让每位参与产业生态链价值创造的供应商、客户、员工等，都能公平、公开和公正地享有其创造的经济价值和社会价值。

业财一体化价值链带来了企业组织的信息流、物流、作业流的业务与资金流的业财融合的协同合作。就价值链管理的财务体现来说，从价值角度实现对整个链条的财务支持和量化管理，通过对各项活动的分析、优化和协调，强调企业业务流程的优化，在满足客户需求的同时，推动企业降本增效，提升企业竞争优势，助力企业健康发展。

业务集成共享推动标准化，通过数字化打造底层接口，打破"信息孤岛"，共享数据资源，落实标准，实现互联互通，推动价值提升。

（二）前中后台的全集成智能化赋能方案

体现一体化思想的价值链管理首先要求以职能为重心的运作模式向以流程为重心的运作模式转变。会计人员必须走出财务部门，与其他部门进行沟通和融合。财务部门必须重新构建扁平化的组织结构，扩大管理力度，减少管理失误，提高管理效率，增强组织的快速反应能力；同时必须加强协作，向业务管理范畴延伸。对于一个会计组织来说，最低限度要实现信息共享和业财融合。

价值链管理需要通过业财融合实现业务和财务的一体化。一方面，可以通过财务与业务融合，推动财务向业务前端（包括采购、供应商、客户）延伸，打通财务与业务、财务与外部利益相关者的界限，实现信息集成与实时控制；另一方面，财务与业务融合需要会计部门关注业务链条中的不增值环节和节点，利用生成的信息数据及时将信息反馈给各利益相关方的管理层。价值链管理还要求财务部门自身进行革新，基于流程再造思想，利用信息化与智能化消除会计核算流程中的不增值部分，不断降低核算成本，提高会计信息生成的效率与有用性。

通过前台、中台、后台的一体化融合，形成价值链管理模式，有助于企业实现价值创造的不断前置，明晰企业成本中心向利润中心转化的通路。从成本中心与利润中心的特征来说，成本中心是指中心的直接控制人只对该生产的成本或费用承担相应责任的责任中心；利润中心是指既产生成本，又取得收入，还能根据收入和成本配比计算利润的单位。因此，利润中心责任层级更高，它还通常包括若干不同层次的下属成本中心。

利润中心业绩评价和考核的重点是边际贡献和利润，而这些考核要素都与企业的收入及成本有着密不可分的联系。利润中心可以分为自然利润中心和虚拟利润中心。在业财融合背景下，由于全系统强化成本与效益匹配性和完整性的认知不断提升，企业各个环节均需要从顶层格局和全公司格局角度出发，提高资产经营管理水平。在量化评估企业的预算时，企业目标绩效更具挑战性。结合目标管理制度，推行利润中心，可使企业优化组织构架，不再缺乏达成公司目标及评估各利润中心绩效的管理方式，从而促进企业不断提升市场竞争能力。因此，借助一体化融合和价值链的转化，企业可将成本中心转型为利润中心。此项工作的重点在于专业化分工，推动流程和效率的集成，对非核心业务进行集约式外包，实现价值链外部赋能；推动智能仓储和智能物流管控，将库存控制在最低水平，实行零库存运转；通过集成化技术，推动企业与供应商形成一体化产业生态圈，以及各供应商之间形成基于生态合作的链式关系。当有库存时，企业可以通过链式关系将信息及时反馈给供应商，以避免库存堆积，从而大大提高企业仓库利用率，进而提高企业利润。

三、部分集成的智能化赋能方案

（一）业务前台与中台的模块化组合赋能

业财融合是通过流程再造与信息系统整合，将相互割裂的业务管理与财务管理打通，将上述企业数据信息的生成路径在前台与中台进行转化。形成复杂数据的转化出口、解决财务信息和非财务信息链接问题，实现业务信息与财务信息的自动归集和融合，以满足管理者决策需求。

企业业务前台涉及线上与线下，包括智能分析、标签系统、智能物联，并配套相关数字化运维、数字化供应链、数字化检测等直接支持模块和系统集成。企业数据中台则按照前台需求，完成统一数据共享服务引擎在取数、推荐、预测、标签、画像等方面的相关接口设置和支持，并提供报表或自助报表系统。为此，中台需要建设完成系统的数据模型，包括标签体系、画像引擎、推荐引擎、路线规划和经营分析；按照涉及的领域，完成客户、商品、营销主题域模型的建设，同步完成财务主题域建设。

为实现系统化的组合，并提供持续性支持与服务，在数据汇聚集成、数据治理管控、数据集成开发、自主机器学习等层面，还需要通过上述模型的支持性建设进行挖掘和优化，提供套件性支持与服务；实现数据的系统性、标准性服务，发挥数据价值，解决数据人员取数问题，推动数据中心从成本中心向利润中心转化。从组合角度来说，业务前台的数据通过业务中台沉淀，业务数据进入数据中台得到体系化加工，再以服务化的方式支撑业务中台上的应用程序；业务中台快捷地为业务前台提供支持，最后这些应用程序产生的新数据又流转到数据中台，形成循环不息的数据闭环。基于数据闭环不断产生的数据，企业能增强数据洞察能力，实现对数据的系统管理，推动数据自动化、智能化采集、汇聚和融合，以及实时数据与离线数据融合，从而深度挖掘数据价值。通过将数据服务应用于各业务场景，企业还能实现数据资产化和资产价值系统量化。

（二）业务前台+财务后台模块化组合赋能

业务前台发挥市场支持作用，需要财务管理模式进行革命性转变，实现由业务伙伴财务到专家型财务的转型。在这个过程中，企业需要确保财务的支持作用具有前瞻性，可以服务不同专业和地域，降低财务业务处理成本，提升信息系统集成效果，加强对信息的管理与利用，紧密结合业务，以促进价值创造，保障财务与业绩信息的准确性，有效管控业务风险。企业依托内部流程黏性，可实现供应链上下游在线协同。

在市场营销突破层面，提供面向营销的业务前台市场营销技术集成解决方案，包含多种营销技术能力，并叠加资源整合、数据管理、数据应用等细分领域的支持。落实财务支持的量化结果，快速、实时反馈线上电商与线下实体的绩效指标达成情况考核结果。在流量换销量的营销模式下，企业基于市场成交金额，选择合适的分润方式，吸引客户复购，并通过私域会员转化，落实会员长期增长策略，尤其是针对平台端和商家端的精细化市场导流和精益化产品组合模式，保障财务共享支持及量化系统的有效性。

此外，企业为做好市场营销前台与财务中台和后台的链接，可以按照营销云方式进行业务集成，重点是保证标准接口及量化结算准确性。同步改善客户关系管理，并进行客户转化，借助私域运营营销技术等方法，基于运营逻辑，推动项目有效落地。通过电商交易系统的客户私域运营系统挖掘，制订基于长期客户形成的会员深度运营计划。在这个过程中，重要的是实现全渠道触达与财务触达量化的匹配，使客户交互与财务市场转化结果、盈利转化结果、量化评价结果达成预警的效果统一，实现会员中心与财务用户消费流量预测的有效衔接，解决财务预测前瞻性问题。

企业针对不断形成专属会员的私域会员池进行专项营销，通过财务管理会计的各种模型、数据工具进行测算，通过营销技术进行引导，利用社交传播裂变等方式带入新客户并换取增长。

营销云模式的运作可以推动业务市场的领域转化，以及财务交易的银企直联，并实现与营销集成的营销云协同，然后逐步开放，针对客户不断实现交易系统化、内部化，使数据从孤岛式向集成化转换，最终获得对现有或潜在客户的持续引流和复购，形成企业可持续商业模式的闭环。

因此，营销层面的业务前台端，首先通过交易数字化增强销售能力，解决市场营销的获客问题；其次推动从公域到私域的转化，围绕私域运营服务客户进行会员精准营销；最后深化客户全生命周期的售前、售中、售后服务的数字化。

有效的服务是最应该被重视的。企业可通过同步的量化系统和财务支持系统，提升潜在客户的转化率及客户复购率，做好品牌传播工作。财务支持业务前台的集成效果，推动了数字化转型的网络空间在企业商业模式层面的转化，促成了企业现实与虚拟世界的链接，加大与企业商业模式的结合。借助大数据平台的赋能，实现了客户历史数据的迭代升级，并结合当下数据实时交互提升了适配性，发挥企业与客户互动的能动性，在实现客户拓展的同时，为企业商业模式创新积累新的数据方向。

企业通过客户、商家、平台的衔接，基于数字量化，制定开放、科学的产业转型目标；通过全生命周期的平台化管理、业务的有效支持、财务的量化支持，减少量化信息不足或理解偏差带来的消费者个体与企业整体之间的信息不对称。在客户或消费者不断增强的个性化目标和维权目标之下，实现企业与终端客户和消费者有效的数字化互动，提高客户或消费者需求转化与锚定的效率，借助数据化技术锁定客户；基于内生式需求的市场价值节点，把客户或消费者潜在的隐性需求、个性化目标结合起来，与公司终端产品嵌套；实现企业数字化赋能营销之后，将产品快速推向终端市场，实现精益生产、快速对接，精准推送、便捷送达；在供、产、销各个环节，使创新研发、及时设计、快速生产、市场推广相结合，基于企业全价值链各环节的迭代，为终端客户提供精准的优质服务与高质量产品。

在数智化赋能的流量精细化运营阶段，企业实现精准营销闭环并采取开放的模式，确保在消费市场流量红利期已经过去且消费者越来越多元化和碎片化背景下还能实现持续的业绩增长，压力巨大；同时仅加强数字经济与实体经济的融合，通过精益化管理的商场化线上模式进行市场拓展，难度越来越大。因此，企业更需要利用财务的系统支持和预警功能，加快实现高质量、可持续、可拓展式发展；通过流量精细化运营，以及数据源获取、数据策略分析、数据场景应用、数据结果分析等，解决消费者市场从流量到存量、从公域到私域的持续转换问题。

（三）采购前台+财务后台模块化组合赋能

数字化赋能之下，供应链和财务管理的融合体系不断进行组合。数字技术不断迭代升级，应用场景持续丰富，区块链、联盟链的建设呈爆发式增长。通过集成，数字化的采购平台可以集成区块链、产业链等功能，并在采购的降本增效、商业上下游信任体系中构建合适的采购生态系统。

数字化赋能之下，供应链金融科技系统的建设成了"蓝海"，各个领域也都从不同角度参与进来。所谓供应链金融，是指从供应链的整个产业链出发，运用金融科技手段，整合物流、资金流、信息流等信息，在真实交易背景下，推动供应链中占主导地位的核心企业与上下游企业形成集成一体化的金融供给体系和风险评估体系。通过供应链企业集成一体化，提供系统性的一揽子金融解决方案，快速响应产业链上企业结算、融资、财务管理等综合需求，并降低企业成本，提升产业链各方价值。

核心企业通过金融科技赋能，一方面获得整体供应链的主导权；另一方面利用数据资产洞察全供应链链条，增强内外部协同能力，提升供应链流转效率，打破产业链各环节的信息壁垒，形成一体化集成，实现供应链生态系统中所有链路企业数据全览和可追溯，从而快速量化业务体量、提升风险甄别能力、实现客户全方位洞察、找到采购最优通路、控制采购成本、提高行业前瞻性预判水平等。

处于供应链各个节点的企业各有分工，品牌方承载上游生产环节，销售方承载中游销售环节，通过系统集成等方案，保障对终端采购客户的产品供应。一方面，可以打造渠道商的供货商城；另一方面，可以赋予渠道商面向终端采购客户的独立商城系统。渠道商可在供货商城进货订购，终端客户可在渠道商城进货订购，渠道商城亦可将终端客户采购订单一键转为进货采购订单，由品牌商或品牌加盟商通过平台订单安排直接发货，实时同步物流信息。

体模块化组合赋能模式中，财务的预算管控匹配供应链协同流程，借助系统来实现有效转化；针对企业类客户，通过建立主账号和分/子账号体系实现共享，打造企业内统一的采购和询比价功能，并接入供应链平台企业，完成自动询比价和自动锁定最优价。通过企业财务预算的管控，针对企业直接采购设定月度、季度、年度在线采购预算，并结合实际的月度、季度、年度预算使用和结余情况，按照指定时间段生成报表和分析预警数据。同时，基于数据分析，积累用户与数据等企业战略性资源。

一方面借助平台账号权限使零售企业直接面对消费者，实现对用户与数据资源的积累。针对产品应用的数据，促进企业及其上下游企业不断升级产品和服务，实现用户价值增值，构建对企业有价值的数据体系。通过财务支持系统的转化，打通企业电商和实体店的供应链、仓储、数据，推动企业全部商品品类价值增值、服务个性化，同步增强上下游企业的黏性，提升价值品牌。

另一方面，实现企业服务价值增值，推动供应链技术和物流相互融合、供应链和服务链一体化整合，以及结算与预警量化的财务服务一体化融合，使商品和消费者实时互联，提升服务的归属感和品牌价值，发挥财务预测及模型的有效量化支持作用，促进企业向制造商、零售商、服务商的综合角色一体化转型升级，实现企业平台化生态升级。

针对采购系统，也就是供应链系统，借助数字化工具和财务量化工具，打通供应链的各个触达端口，实现库存数据多渠道同步；建立线上与线下库存系统，实现线上与线下库存同步，达成库存同步机制，确保多渠道库存一致；完善库存分配调度机制，实现客户端与企业端的互通直连。根据来源、发货方式等不同依据设置好规则，确保门店或总库库存的准确性；改善总部与各分/子公司库存系统预警机制的有效性。通过安全库存的设置与实物存储的关联，解决库存冗余或库存不足两个极端问题。

在这种模式下，企业的供应链升级带动了财务共享服务中心的支持升级，共享财务切入业务财务，提升决策支持作用，促进人员转型及能力发展。通过供应链支持系统的强化，实现企业财务价值服务的延伸，助力企业在总体战略下落实采购供应链的业务子战略。通过供应链端的价值创造，实现供应链财务系统全集成资源的共享化支持，在供应链端融入发票管理、税收筹划、成本管理等功能，直接创造价值。

财务层面，通过供应链升级，推动企业财务管理零库存管控模式和预警功能的动态化，提升企业财务管理预警能力与议价能力，以及供应商寻源比价能力，推动供应链的业务结构转型升级，并通过与财务系统的合作协同，促进供应链端的财务支持融合，达成供应链端降本增效。

第二节　企业业务与业务财务一体化赋能

一、智能决策流程化与量化支持

确定企业战略后，需要通过业务实施和财务管理协同来落实。就企业顶层设计要求来说，需要针对企业发展战略细化业务发展和资金需求。企业战略、资源与流程之间建立了一种系统联系，形成综合管理流程，同步借助量化系统确定目标达成进度，并采取妥善的对策改善相关过程。

企业通过业务与财务的系统链接量化结果、流程改善，确保其发展方向正确，从而达成战略目标。在这个过程中，企业结合对前台市场和供应商层面的拓展，建立持续改进机制，不断寻找最佳实践方案，不断进行量化分析，达到市场拓展与财务协同的效果。从数字化赋能的财务支持体系来说，数字化中台系统的模块化组合，突出某个节点模块或集成模块，实现集成迭代，帮助企业创造自身的智能化融合管理模式或工作模板。通过智能化的量化支持，企业可进行管理创新，并持续提升智能化水平，最后围绕量化结果，不断超越、螺旋上升并同步迭代智能化功能和集成效果，形成良性循环。

从推动业务拓展角度来说，企业的财务配套服务有助于投资决策量化，在业财融合节点上比较关键，包括测算企业各项投入的产出效果，如通过投资可以获得多少回报和回收期多长等。在按照上述准则进行判断时，对有关因素的考虑应该遵循相关性原则。而为了使财务量化结果及模型预测结果更准确，有助于企业管理层进行有效决策，数据收集和分析层面还需要分层分类，借助智能化推动力，运用敏感性分析模型，对安全边际进行预警，使财务达成有效、实时、动态的量化效果。

二、智能管理会计战略转化赋能方案

大数据背景下，企业可借助数字化手段推动管理会计信息赋能。这一过程可分解为数据输入、数据整理、数据存储、分析建模、报告输出5个步骤，通过智能化方式对企业管理进行赋能。

在这个过程中，企业需要基于智能终端的需求，结合管理会计信息应用路径，借助基础设施系统、服务器和智能终端等的支持作用，推动从主数据到接口服务的一揽子转化，实现以信息的产生及流动为基础的分析评价及前瞻性预测。从业务、资金、信息、利益相关者层面出发，结合企业数字化转型的进展，构建大数据背景下的管理会计通路。

（一）数据输入

该阶段解决管理会计信息输入问题，是一个管理会计信息搜集过程。企业财务系统对企业管理所需的数据信息进行多渠道、多方位搜集，包括但不限于采购、生产、研发、质量、销售、竞争者、行业状况等相关信息。在此过程中，企业借助数字化赋能，使管理会计信息流与业务信息流形成有效匹配。这有助于企业把控业务活动涉及的交易合同进展、交易状态变化、生产采购流程改进、业务订单执行等相关情况，实现原始数据信息按照管理会计信息形式输入。

（二）数据整理

这个阶段解决管理会计信息记录问题。通过财务系统，企业记录已收集到的基础、原始的数据信息，对其进行标准化转换，并按一定规则进一步使其标签化和分类化。

在把基础、原始的数据信息进行记录和标准化转换过程中，通过数据中台对各类结构化数据和非结构化数据进行集中化处理和整理，并将这些数据在所有系统中共享，解决数据标准化问题，提高业务和财务协同效率和效果。具体来说，通过针对所有系统建立标准化接口，实现信息自动传输、及时共享，从而推动业务信息与财务信息的无缝对接，数字科技的管理会计基础信息的转换。

（三）数据存储

这个阶段解决管理会计信息转化及存储问题。企业基于战略执行要求，从财务系统层面进行管理要求转换，对第二阶段完成的标准化数据和分类数据再次进行筛选和整理，之后按照类别、性质、服务方向等对数据进行清洗并存储于数据库。

这个阶段的重点是根据企业的管理要求，对整理后的数据进行筛选，并按照一定规则存储于数据库的相关模块中。数据存储很重要，它是企业之后进行数据分析的基础，也是数据模型构建的基础。数据存储涉及的业务数据和财务数据，分别存储在相应的业务数据存储子模块和财务数据存储子模块中，再按照相互关系和逻辑进一步细分和优化，为之后的精细化数据管理打下基础。数据存储就是企业选择本地硬件或云盘等线上方式存储数据，并对既有数据进行优化、更新、迭代、拓展、丰富的过程，最终实现数据的资产化。因此，这个阶段是数据分析的前置条件。

（四）分析建模

这个阶段解决管理会计信息分析处理问题。通过对已分类并归类存储和集聚的数据进行分解，基于企业管理目标，锁定相关大数据的量化分析方向，筛选合适的分析方法，进行量化分析，同时按需要建立多维度的量化分析多组模型来支持、验证分析结果。

具体来说，完成数据存储后，标准化、分门别类的数据就有了分析价值。企业基于管理目标，筛选相关平台上的一揽子分析方法，匹配合适的分析方法和分析模型，完成计算、加工、建模和分析。一方面，依据历史信息，结合市场环境变化，对信息进行标准化和前瞻性模拟分析，结合模型应用进行比对，筛选对企业管理决策有价值的信息；另一方面，针对数据的关联性，运用回归分析和时间序列分析等各类分析方法，借助数学模型，对海量数据进行快速处理及专项分析、综合分析，挖掘数据集聚之后的规律和价值。

（五）报告输出

这个阶段解决数字化平台出具的管理会计报告输出问题。也就是说，借助智能化手段提交管理会计报告的产出成果。报告输出阶段可以结合数据分析结果，生成多维度的业财一体化管理会计报告体系。

这个阶段主要将分析建模阶段得出的结果呈现出来。管理会计报告提供的数据分析结果要求具备多维度、可验证、专业化、全面化等优势。企业管理层依据报告的意见，结合专业能力和管理经验进行规划和决策。由于应用报告的底层逻辑是拥有数据资产，报告输出更加及时、准确、全面、可视。这也使得管理会计报告多维度、可验证、专业化、全面化等优势可以按照管理要求达成。基于大量数据信息，管理会计可针对过去的数据，结合当下外部环境，模拟未来发展外部环境和企业内部情况，从而把握现状，提高未来预测的有效性、科学性。在报告输出结果上，企业多维度输出业财一体化管理会计报告。

三、财务共享税收风险量化集成赋能

企业税务筹划的主要目标是，在合理合法的前提下，通过"税收优惠区域"或"税收洼地"，以及合理利用税务纳税区域和主题变化等方法，达到少缴税或延迟纳税的效果，从而最大限度地节税降费。获得节税利益的关键是企业节税方式科学、合理，规避简单粗暴的逃税引发企业税收风险，以此推动企业税后利润最大化，实现企业价值最大化。

在经济发展不确定性增加、税收共治理念不断深入、区块链税收场景应用越来越丰富的背景下，税收征管技术也取得了革命性的进步。在税收监管层面，税务机关不再仅使用独立方案，而是采取系统化联合稽查方式，实现了对企业一体化平台生态系统中各个链条的穿透式稽查转型，使第三方平台对纳税对象信息进行立体式采集和分析，从而完善税收治理。基于此，全国各地的税收"信息孤岛"和"税收洼地"的筹划乱象逐渐减少。税收过程实现记录上链，并可以由税收监管机构进行详细评估，税务稽查呈现立体化与穿透式特征，使企业税收筹划方式面临技术化、专业化、全局化、价值链的整体转型升级现实。因此，业财一体化中企业税务子模块建设及税收筹划方面的应用建设就显得特别重要。

企业进行全面、系统、立体式的降本增效，需要持续挖掘潜力。但在税务方面，降税需要考虑企业的合规性，通过企业业财一体化系统的标准化，实现业务数据和财务数据统一标准且互联互通。在财务共享平台上植入税务模块，将业财一体化税务的开票、缴税等基本功能向税收筹划模式扩展，将税收筹划模式也纳入业财一体化平台，一方面增强税收筹划的合规性，另一方面完善税收筹划的一体化系统运作模式。

财务共享服务中心税务管理子系统建设，需要达到为企业提供面向全税种的管理支撑，满足对税务全方位的管理诉求；需要解决企业对组织机构多层级、多业态的管理，确保企业实现自上而下纵向或横向管理。建设内容包括基础设置、税务筹划、发票管理、计税管理、纳税申报、统计分析等基础应用功能，实现针对企业不同区域和不同税负的全税务服务的全生命周期管理。同时，还需要将税务管理系统进行税企直联，并与报账系统和开票系统进行无缝集成，完成采购报销付款、销售开票收款的业财一体化集成建设。

在此模式之下，企业财务共享平台的税务子模块系统，由内生式税务共享平台向票、税、风险一体化的外生式税务共享平台转型。通过税收筹划、总部经济、股权交换、灵活用工等系统性安排，用人力资源转换、总部经济的"税收洼地"税收返还、灵活用工模式落地等合法合规的方法解决企业安全性税收筹划问题。

（一）财务共享总部经济

在"税收洼地"层面，主体公司、销售或采购公司、园区纳税合法享受税收返还政策，可以获得一级财政留存园区的税收返还。企业成为主体公司后，享受一级财政留存园区的税收返还政策，获得增值税和所得税两方面的优惠。财务共享税收筹划平台是个人独资企业、个人及其他机构开展合作的渠道。促进业务发展时，企业可以在税收筹划平台上进行合同、资金和发票的结算。同时，再与个体进行另一次结算，实现个人独资企业及个人层面的税收优惠，从而节约交易成本，推动个人和企业之间的利益分配和重构，使企业获取真实利益。由此可以看到，业财一体化可以将财务共享总部经济、财务共享税收筹划平台一起纳入，对企业降本很有效，集成的效果也能使企业降税增效。

从企业层面看，企业的采购中心和销售中心有效植入税收优惠区域或税收筹划洼地，使得财务共享服务中心的税收子模块增加了业务和利润的赋能效果。由此使企业实现节税。降本节税的额度往往可以填补到平台化的建设上来。

（二）财务共享灵活用工平台

企业将灵活用工的真实需求与五险一金的有效筹划、员工薪酬的筹划、利润及各方面服务费的筹划结合起来，通过灵活用工平台保障证据链的完整性，解决员工五险一金不规范问题及个人服务的发票证据链不完整问题。这几种筹划方式的嵌套能够有效通过平台管理规避企业风险，使企业合规经营。

因此，财务共享服务中心的税务子模块通过税务从内而外的延伸，可使企业财务以有效的税收筹划方式实现节税赋能。需要注意的是，由于税务筹划处于敏感地带，有其风险性，业财一体化平台融入税务模块，有助于保证税务信息的真实性、合规性、合法性，可以此权衡企业有没有必要实施税收筹划及如何实施税收筹划的问题。

税务子模块需要具备生态连接、税务自动化、数据精算等核心能力，促使内外连接，打造包括流程自动化、数据流转自动化、政策匹配自动化在内的税务智能化和自动化功能，以及算税引擎、多维度分析等针对证据链的比对、稽查、风控挖掘功能。构建完整的证据链，需要推进应用架构及产品功能在销项发票、进项发票、企业税务、个税应用、税收优惠、专项高新等应用场景中的持续开发与转化。

在转化过程中，企业需要通过软件集成和智能化链接，系统地解决各个模块的节点优化问题。这包括：第一，优化销项发票的智能化应用场景，打造对接开票、导入开票、申请开票等场景，并确保可追溯等功能的实现；第二，保证进项发票的收票全流程管控应用场景可控，确保平台具备多票种扫描识别能力、增值税发票认证抵扣能力及税企直联相关功能，解决企业接收发票的系统问题；第三，解决企业税务计算问题并发挥企业税务智能化应用功能，实现企业全视角的统一管理、批量操作，为批量算税时的多企业、多税种操作提供便利，通过聚焦操作、管控权限推动数据采集一体化；第四，打造企业个税管理、个税核算、个税申报等个税应用功能，解决企业个税数据分散、个税核算申报差异、跨地区个税专项采集难、个税申报成本高等问题；第五，解决企业税务智慧检测分析与服务问题，对企业税务解决方案中的各个环节进行深度检测和分析，辅助企业进行各种维度的数据分析和判断，并智能化地提出税收优惠转化、税收风险预警等一揽子解决方案，立体式、复合式地涵盖企业增值税、所得税、个人所得税、收入、成本、费用、往来款项、存货、抵扣等方面的分析预警，实现核心财税指标预置模型的大数据分析和云计算智能风险预测功能，并完成多维度的风险分析报告。

第三节　业务共享与财务共享一体化赋能

一、智能化财务管理推动企业提质增效

通过科技赋能，企业业务逐步向价值链管理转型。而管理会计对业财一体化具有重要作用，在此基础上也不断向一体化价值赋能转型。

业财融合体现在日常经营管理控制的一体化价值链赋能上，包括预算管理、成本管理、流程管理、客户价值管理等，并最终在成果输出端呈现企业价值链的财务结果。这一财务结果体现在企业管理层依据管理会计一体化价值链的顶层逻辑实现综合降本增效端上，也体现在精益化管理价值的成本转化上。

具体来说，就是借助科技打通企业管理层面，实现融合；还需要结合企业价值链确定功能，把企业的预算管理、精益管理、成本管理、流程管理等进行系统化、流程化嵌套，推动企业智能化管理价值链落地。具体的智能化嵌套和数字化赋能说明如下。

（一）针对企业预算管理

针对企业预算管理，借助信息系统，对未来经营活动和相应财务结果进行充分、全面的预测和筹划，并通过对执行过程的监控，将实际完成情况与预算目标不断对照和分析，从而及时指导经营活动的改善和调整工作，以帮助管理者更加有效地管理企业，最大限度地实现企业短期年度目标和长期战略目标。

（二）针对企业精益管理

针对企业精益管理，根据市场的客户实际需求来定义企业生产产品的类型和提供产品的方式，按照价值流组织全部生产活动，使要保留下来的、创造价值的各项活动有序和最优化流动，最终让客户的持续性需求拉动企业的价值转换。用外部客户需求推动企业持续生产产品，以个性化定制方式使企业获得与可持续发展目标相匹配的收入。

通过智能化的精细化管理，将企业管理价值链中隐性的成本消耗进行系统性优化；解决企业降本问题，使企业在为客户提供合适的产品过程中，降低产品制造、生产管控、配送管控等送达成本，把生产成本控制在最优状态。

通过智能化的系统集成和预警，系统地解决企业可能存在的产品质量问题，产品滞销导致的积压问题，生产制造过程中人、财、物过度消耗的问题，流程冗余问题等，并将企业核心优势资源聚焦，使生产能力和核心能力释放出来，从而使企业缩短生产准备时间，提高产品和服务质量，增强盈利能力，降低存货水

平，提高竞争地位，协调战略营销与经营决策，持续改进供应链层面。

企业精益管理的智能化和自动化，可促使企业聚焦资源、降本增效，提升固定投入及资源利用效率，从而增强盈利能力。因此，原本需要管理会计人员进行优化判断，企业会计人员应用精益方法对流程进行会计核算优化的工作，通过财务共享服务中心平台，即可解决并消除从交易流程到形成财务报表的内部管理消耗问题，实现财务会计流程聚焦业务量化，评估为客户创造的综合价值，并聚焦基于企业整体价值贡献的评价。

通过数字化赋能，最终推动企业管理会计生态平台为企业发展赋能，使企业财务针对整个企业的价值链创造提供管理输出服务，对企业业务与财务实施平台化管理，打造一体化职能价值流团队，从而实现价值创造和风控强化，达成最优内部控制，解决流程管理难点。

（三）针对企业成本管理

针对企业成本管理，财务智能化模式通过将成本管理的各种模式进行程序化和固化，嵌套在系统中，并结合数据的流动进行系统分析，基于智能化的数字量化分析，确保成本核算方法准确、核算过程有序、生产过程和流程评估最优，从而提出优化方案，推动企业生产优化迭代，不断降本增效，使企业成本结构达到最优，获得较强的市场竞争力。为此，企业财务管理部门可以将企业产品成本进行结构化分解，确保所有成本环节最优化、管控效果最佳、最终产品的总成本性价比最高。在这个过程中，经过数字化赋能的财务中心可以对成本分析和工具模型进行分解，把量本利模型、边际贡献模型、边际成本模型、成本核算优化模型进行嵌套，实现作业成本法、标准成本法、产能成本标准化、目标成本法、生命周期成本法、供应链成本法、售价倒推成本模型等的集成，并在智能化成本管理中多角度进行数字化分析，确保成本管控处于最佳状态，实现有效融合。

（四）针对企业流程管理

针对企业流程管理，智能化转换的方式是规范每个节点，找到以企业端到端的业务流程为中心、以持续提高企业业务绩效为目的的系统化方法。结合企业战略目标，对企业执行的战术措施进行节点控制，按照节点控制做好流程衔接，按照流程衔接进行系统固化，按照系统固化的每个流程节点，决定流程管理执行措施的标准，在管理过程中不断对实施战略举措涉及的流程进行智能化分析、整合和管理。将企业不同部门、不同客户、不同人员、不同供应商进行流程化协同，并采取数字化赋能方式，将流程中产生的相应数据进行标准化和标签化，推动产品或服务提供过程中涉及的项目、任务、人员、客户、资产等所有经系统确认的信息进行流转，实现企业的战略目标，达成企业价值链链条的最优化，打造流程体系接口并实现价值最大化。

综上所述，企业财务管理智能化带来价值链赋能。可以借助信息化手段达成价值链会计管理，以市场和客户需求为导向，并结合企业自身的资源禀赋，以企业整体价值最大化的价值链增值和持续性发展为根本目标，推动企业财务管理智能化。通过系统地提高企业财务管理的价值链一体化水平，增强企业财务管理的智能化价值链赋能能力，快速针对企业业务发展提升竞争力、市场占有率、客户满意度和市场渠道转化率，从而实现企业可持续发展。通过企业财务管理与业务市场的智能化链接，以协同电子商务、线上线下市场竞争、生态链互利共赢和多赢的原则，改善企业的智能化运作水平和高效运作模式，借助科学技术，从销售和供应两端确保合同流、业务流、资金流、票据流的一致性，从根本上解决企业风控问题。

二、员工福利模块化组合赋能

基于业财一体化模式，解决员工薪酬与福利相关问题，通过积分管理的辅助模块提升员工的内部体验，作用和意义重大。作为企业全面薪酬战略的一部分，员工福利是企业吸引、留住和激励人才的重要手段。企业员工福利平台的建设类似商旅电商平台的嵌套，不同的是该事项主要在企业内部进行。随着国内职场的进一步多元化，在兼顾整体福利安排的同时，员工的个性化福利需求进一步增加，对同步财务内部结算和支持的及时性要求也不断提升。随着移动科技、社交平台和电子商户在工作与生活领域的广泛应用，员工对于福利的体验具有更高的期望值，对结算便捷性也有了更高的要求。

企业福利计划在内涵和执行手段上的灵活性与多样性，使其具有比现金薪酬更广泛的操作空间。作为整体薪酬的重要组成部分，福利计划在吸引、激励、留住人才方面的作用正日益受到关注并被深入挖掘。因此，融合财务服务，实现内部票据系统和证据链支持系统的一体化，嵌套企业数智化福利平台与外部商品类电商平台的植入，有助于达成员工福利，并提升员工福利满意度，实现财务量化及核算支持，解决预警测算及调整调节问题。

在智能化层面，企业业财融合系统重点在于针对不同的员工群体（职级、业绩、岗位族群等），制定差异化的预算标准，配置不同的福利产品包，从照顾不同群体的特殊需求升级到充分发挥福利的激励性作用，在企业福利限额内，通过员工福利模块功能的实现，采取精神鼓励与物质支持融合方式，传递企业对员工的认可度；在财务量化及总额可控范围内，提升福利发放的多元化与个性化，从而间接实现员工对企业文化的认可与传承。这种业财融合的员工福利模式可以帮助企业吸引和留住人才，解决人力资源端的管理问题。

在数智化福利平台上，企业可以在既定福利预算额度框架内，通过不断丰富可供选择的福利项目来提高员工的体验值。同时，企业还可以通过与员工共担福利成本的方式，设计员工自费福利计划，帮助员工享受到团体福利的实惠。例如，企业可以安排一些高标准的福利产品。在这种个性化设置之下，企业福利甚至可以拓展至员工家属。由于是企业统一安排，员工既可以享受团购的实惠，又可以省去大量时间投入，且在企业内部结算系统中可以充分应用货币资金和积分的复合模式。为提升福利效果，企业可以增加类似特别奖模式或择机免单模式，再加入员工福利支付时间等原因形成的资金沉淀让利，直接降低采购物品的价格，提升福利物品的优惠力度和竞争力，从而提升员工福利感知，使福利成本最优，使员工福利效果最大化。

在数智化福利平台上，企业可采取核心福利+自选福利的模式。其中，核心福利更多地强调企业从风险防范角度强制性安排福利项目，一般要求员工在预算额度内将其作为必选项目。员工在决定个人福利产品组合时，通过对必选项目的了解，可以提高对风险的认识，加深对福利基本功能的理解，扭转片面地将福利等同于变相的现金收入的误区。这种模式也解决了财务系统传统的福利报销模式的各种问题，实现了集中式报销与集成化处理，大大提升了财务处理效率和福利结算的快捷性。

转型模式的好处体现在以下方面。

（一）发放端

人力资源需要解决以分/子公司、部门为单位，最终到个人的福利发放模式问题。通过使用数智化福利平台，企业打破了福利发放耗时耗力的瓶颈，节约了时间。企业确定预算后，通过为员工发放等值积分方式，由员工自己选品购买，并在填好地址后，由物流快递到家或自提。

（二）集采端

企业和个人均可达到节约的效果。根据国家颁布的企业所得税法及相关条例，允许按照规定的范围、标准在税前将部分费用扣除，额度分别是工资总额的一定比例。例如，职工福利费（14%）、职工培训费（8%）、补充医疗

（5%）、企业年金（5%）、工会经费（2%），累计占比达34%。因此，从企业成本费用筹划角度提高了企业和个人的积极性。

（三）降本增效端

企业个性化的数智化福利平台可集成丰富的服务类型，开具多种发票，也更容易一次性满足企业需求，实现一次性结算和对账，解决了过往的重复性支付等问题。与发放现金相比，这种弹性福利可以大大节约成本。对企业而言，发放现金方式有两个劣势：一方面，国家政策对企业取现有限额规定，操作复杂；另一方面，会增加税收筹划难度，提高企业所得税的税基，加大社保缴纳基数计算的难度。

（四）接口端

接口的标准化解决了供应商的一站式服务问题，推动了一站式配置管理福利计划的落地。

第四节　风控合规融合业财一体化赋能

一、贯穿战略到结果全过程风控融合的一体化

（一）风险管理三道防线的业财融合赋能模式

企业推动业财一体化，很有必要嵌入风险管理三道防线的系统化建设。但从风险防范角度看，此项工作的落地必须有公司层面的组织结构予以保证。按照公司治理的要求，常规建设风险管理的三道防线。第一道防线是核心业务部门。开展采购、制造、销售和提供对外服务的核心业务部门，是风险管理的第一责任机构。第二道防线是支持职能部门。该部门除了承担风险管理专职职能外，还包括重要的财务管理系统、法务合规系统、人力资源系统、质量安全系统等所有可以协助一线核心业务部门进行风险管控的职能部门。第三道防线是保证职能部门，主要是指审计部门，包括审计委员会、内部审计和监察部门、外部审计部门等。

从企业总体层面和业务单元层面来说，风险管理三道防线建设均具有实质性推动的必要性。

为实现风控的有效落地，企业一方面要实现业财一体化的标准化数据存储；另一方面要推动基于审计风控需求的数据准备。

在科技赋能之下，企业数字化转型不断落地和转化。因此，企业风控内审的三道防线不断拓展，数据中台驱动的业务前台与后台不断实现数字化积聚，并

形成数字化资产。因此，数据资产引发的数据治理需求也需要采取三道防线来满足。从工作职能划分角度看，企业针对三道防线进行标准化，确保审计风控人员掌握相关的应用知识和技能，同时推动制定风控模型，并基于细化的模型开发应用程序。

企业利用云计算的理念和技术来构建审计服务平台，实现审计数据的云储存和审计资源的协同共享。在上一步完成后进行系统的云融合，将审计所需要的数据和程序都储存在"云"里，推动公共云审计中心为整个审计过程中的企业服务，甚至外延拓展至企业关联的相关生态企业的外部服务。

通过具备处理海量数据能力的云服务支撑，解决企业资产物证等资源贴上电子标签问题。借助审计专用设备连接到云审计平台的方法，基于物联网，利用无线射频识别技术对被审计单位的实物信息进行实时跟踪，最终实现审计数据的及时共享。

为更高效地建设三道防线的最后一道防线，可以通过风控审计人员应用信息技术来进行远程访问，将审计人员从数据中解放出来，并从人力资源角度专注于信息的分析和报告，提升风控审计三道防线的有效性。

（二）资金路径融合业务路径的风险防控融合路径模式

在业财一体化管理过程中，除风控内审等本身职能外，智能化财务的管理会计赋能也使得财务服务渗透到业务领域的方方面面。业财一体化模式下，企业应当从各自为政的风险管理升级为整合的风险管理。

这么做的原因在于企业的业务活动需要资金，业务所在的领域就是资金使用的方向。

企业商业模式的优化过程就是企业业务实现闭环、资金实现净流入的过程。而随着外部竞争环境的变化，企业在发展过程中需要结合外部环境的监管要求提升业务管理标准，为多元化的市场需求提供复合式服务。企业的业务业态也因此不断融合和发展，使得企业的主营业务不断丰富。在市场拓展过程中，生产制造型企业很可能出现融合商贸、信息、经济、产业管理类的其他公司及其他自然人的复合、多元化业态经营模式。这类企业尤其以民营企业居多。一家企业往往需要通过几十家企业业务的多维度复合模式提供产品和服务，并通过其他很多企业与个人提供资金通道和背书增信服务。如果是民营企业，企业董事长及其家属往往成为资金融通方式的连带责任人。而针对产品提供和服务支持，有关企业资金通路的设计和运作，往往是客户、合作企业、合作个人、增信机构、银行、其他金融机构、其他企业综合的结果。

从企业的业务流程和管控流程看，企业的业务发展与企业的资金流动形成高度协同。这种情况使业务无法脱离资金链的瓶颈，而业务的瓶颈往往取决于企业可应用并放大杠杆的财务资金量的上限。因此，业务拓展过程也就是针对资金放大需求的过程。从企业角度看，业财融合的过程，就是各项业务处理流程不断呈现资金需求的过程。业务设计与资金需求设计呈现不断交叉和复杂化的态势。而企业数字化转型可以实现业务流程优化、用人方式变革、产品服务个性化等全面的转型升级，也有助于资金量化和使用杠杆可行性的预测模拟。

企业在业财融合过程中也面临"互联网+"产生的各种新型合规风险。因此，企业在推动业财融合时，在资金管控逻辑上，一方面，应加强合规风险防控意识，识别流程自动化、弹性业务、动态员工、信息安全和企业声誉等数字化转型过程中可能存在的合规风险；另一方面，应积极防控，加强合规风险管理。通过推动企业数字化到智能化进程、建立合规风险识别与预警机制、构建信息管理云平台安全防护网、完善与零工平台和工会的合作、培育合规文化等措施，加强对企业合规风险的管理，保障企业数字化转型安全、平稳地进行。

（三）风险数据库量化分析防控融合路径模式

从企业风险防控角度看，建立风险数据库风险量化分析框架，持续推动针对数据形成、数据资产、数据结果等的一揽子数据审计，是非常有必要的管理手段。特别需要在系统的设置设计上注意可审性，确保每一个审计单元都具有明确的机构范围和业务范围；注意矩阵架构，从企业产品的多样性与经营机构的多层次性两个维度进行综合考虑；注意可评估性，确保原来的业务内容系统性上线，且每一个审计单元都具有可识别的风险要素；注意风险特性，在智能化的审计框架、矩阵式的审计单元架构下，将各类审计单元按照固有属性或风险特性进行分类或分层。

风险审计的智能信息化平台可以有效赋能，风控内审的数字化和智能化体现在提质增效、精准锁定风险上。企业的风控稽查应用程序可以实现持续审计、审计数据分析、机器人流程自动化审计的协同。在对企业的全部数据及外部信息进行风险识别和证据收集，实现审计程序自动化的同时，风控审计系统的取数及自动比对功能，可以将执行审计的频率从每年或每季度更改为接近实时。为进一步利用工业4.0技术，特别是打通物联网（IoT）、服务互联网（IoS）、网络物理系统（CPSs）和智能工厂的技术接口，可以实时从组织及其关联方收集财务和运营信息，以及其他与审计相关的数据。

如果经济条件允许，企业在风控审计端口还可以应用数字孪生模式解决审计结果模拟和技术过程数据重新融合设计问题。企业可以通过持续传输条件、位置、周围环境等，将物理世界链接到"镜像世界"，将组织中的每个对象及其业务合作伙伴映射到价值链的虚拟模型中。审计员随后可以依据在"镜像世界"中收集的信息来构建用于异常识别的分析模型，并自动执行各种审计过程，如远程库存、现金余额评估、实时故障和异常检测等。

此外，企业相关审计部门可以采用类似持续审计智能及服务的技术。此类技术可以帮助审计人员在经验和知识有限的情况下操作复杂业务平台。此类持续审计及服务，一般是借助云服务、人工智能、数据挖掘和机器学习相结合的方式，来实施全面的审计数据挖掘和风险聚焦的智能化审计平台建设。

审计人员可以通过该平台捕获和传输其客户数据，自动构建审计模型并生成智能应用程序，在自己或客户的站点进行部署。如果审计人员不能构建模型，或者想要探索新的应用程序，则推荐系统可以进一步帮助其在特定项目中部署最合适的应用程序。

审计人员随后根据审计或业务逻辑对这些模型进行细化，并用于构建智能应用程序。这些应用程序会被部署在审计人员的计算机上，以收集证据，或者被部署在客户的网站上，以实时监控交易。这些应用程序还被存储在云市场中，以供将来使用。审计人员的负担大大减轻，可以专注于根据智能应用程序给出的审计结果做出审计判断工作。

企业还有必要在业财融合过程中嵌套智能化稽查检查的应用模块或系统，推动风险管理的智能化，从传统模式下各自为政的风险管理向全面企业风险管理转型，从而为经营管理者提供企业风险管理框架和流程方面的专业知识和经验；协助经营管理层分析和量化企业对各经营单元的风险偏好和风险容忍度；开展用于风险确认的标杆管理；协助确认和估计各种风险化解方案的成本和效益，指导管理者应对风险；支持涵盖企业风险管理的公司治理完善工作等。

积极参与企业的经济活动，将风险管理整合进企业持续的管理活动中，完善基于证据链的风控集成决策和实施体系，改善并推动证据链完整（提质增效实现业务与管理协同和风控协同），都对企业可持续发展具有实质性贡献。

二、业财一体化的合规风险识别赋能

在企业业财一体化过程中，智慧风控融合一体化运营平台或类似功能一体化平台的建设对提升合规风险识别水平非常重要。企业需要在合规风险识别过程中，从顶层端看清业务逻辑，看见潜在威胁，看懂安全风险并始终保持合规，针对风险加强上下协同。就一体化运营平台模式而言，基于网络安全态势感知的持续合规监控和分析，可以提升并整合各类风险识别及安全预警的能力，通过合规及风控运营团队的有效组织，从标准、预测、检查、锁定、响应等维度，为企业风控识别系统构建一个顶层设计，动态实时，可防范、可预测的一体化风控融合运营体系，全面提升企业的风控锁定及对策制定的快速应变应对能力。

为此，建立一体化运营平台的动态风控管理体系，可以提升对各板块项目资产和风险的管理水平，及时发现并规避合规风险，消除安全隐患。建立系统化一体化合规运营管理体系，可以实现针对信息网络安全威胁、攻击行为的风控监测与预测分析，同时提高锁定风险的协同处置效率，减少风险事件对企业生产的影响。建设基于业务与财务融合的风险识别与应急指挥系统，则可以实现基于财务量化数据的大数据集成及可视化，展示各级项目的量化成果与风控结果，推动企业总部及各下属企业多级协同的风控系统建设，解决人力资源及规章制度指引不足引发的效果偏差等问题。

在企业业财融合过程中，针对合规风控识别层面，按嵌入式方式提升流程自动化、弹性业务、动态员工、信息安全、企业声誉等方面的识别能力，并以模块化方式将其集成融入相关企业风控的全过程识别系统。

基于上述系统合规领域的分解模式，从实现层面看有以下几种方式。

（一）流程自动化中的合规风险

企业数字化转型是通过数字化、集成互联、智能协同等技术，推动业务化集成、业财一体化等变革，实现线上线下联动、业务一体化、财务共享化、业务模块化、业财一体化等目标。由于互联网、大数据和云计算等数字化技术支撑的企业经营与传统线下经营方式存在巨大差别，为企业合规管理带来全新的挑战。其中，企业首先面临的就是流程自动化带来的合规风险。

业务流程自动化中的合规风险主要来源于企业数字化转型信息交互过程中数据可靠性、规范性与模型迭代适用性、优化分析合理性等因素。企业进行数字化转型，需要在整个业务流程的各个环节、节点处设定数据采集点，通过数据收集与大数据处理技术，优化现有库存、物流时间、订单量、人员配比等要素。然而，业务流程自动化可能出现数据缺失和算法异常问题，引起企业计划和预算不准确，进而导致供需失衡、生产冗余或延误，各部门相互推诿，难以确定责任主体，增加了风险管理的复杂程度。一方面，大数据、人工智能、物联网和其他流程自动化技术，通过信息系统记录业务数据，进而利用数据分析和挖掘方法，解决业务流程中的问题，帮助企业优化业务流程，合理配置财力和人力资源，极大地降低成本，并提高生产和经营效率；另一方面，自动化技术依赖数据与算法支撑，其稳定性依赖经验数据和软件程序，处理问题缺乏灵活性，安全性难以得到保障，使企业面临较大的合规风险。

（二）弹性业务中的合规风险

企业数字化转型能够直接面向终端用户提供定制化、个性化的产品或服务，要求企业以项目式的工作方式、模块化的任务实现弹性业务制，但同时也会引发合规风险。

弹性业务中的合规风险主要来源于企业数字化转型中的云端业务场景和工作环境，以及为客户提供的多元化选择与个性化服务等的业务需求。企业数字化转型可以通过云端的智能性、敏捷性技术，捕捉客户行为与需求的偏好和变化，提供模块化的服务和产品，满足不同客户的个性化需求，从而使各项业务具有弹性。然而，由于云端网络的可靠性和安全性需要强大的服务器作为保障，要求网络架构足够灵活和敏捷，否则存在较大的网络崩溃风险，可能导致业务瘫痪。因此，一方面，企业数字化转型可以通过互联网直接与终端客户进行沟通，采集用户数据并进行统一管理与分析，有利于企业从供给侧满足客户需求，实现供需平衡；另一方面，企业数字化转型中存在的网络安全隐患也是企业合规风险的重要来源，由于企业在云端储存了大量客户资料，一旦遭到"黑客"入侵，造成资料泄露和用户信息被贩卖等后果，都会让企业承担巨大的合规风险。

（三）动态员工中的合规风险

企业数字化形成的弹性业务制，需要以相应的动态员工来匹配，从而满足人才需求，降低人员成本，但同时也会导致税务、劳务纠纷等合规风险。

动态员工中的合规风险主要来源于企业数字化转型，以项目和业务为核心的企业员工梳理、工作种类、工作时间等灵活匹配的新型用工模式。企业动态员工的工作模式越来越多样化，包括合作用工、兼职人员、外部顾问和平台用工等，能够实现人员的使用权与归属权分离，并通过互联网云办公技术，突破办公的空间和时间限制，降低企业的用人成本，从而更加有效地利用市场上的高技能化、高知识化人才。然而，企业数字化转型的动态员工制度同时也会带来人员管理难度大、员工缺乏福利保障、非雇用关系劳务等风险。因此，一方面，动态化的员工队伍呈现出较好的灵活性，能够根据企业项目和业务需求组建团队，并基于软件程序按工作需求派发相应任务，从而降低人员基础成本，提升用人弹性；另一方面，动态化的员工队伍具有不稳定性，员工时间和信息碎片化会导致思维和行为碎片化，工作质量有时难以得到保证，并且非合同制员工的归属感不强，存在社保劳动纠纷和个税等相关合规风险。

（四）信息安全中的合规风险

在互联网不断开放的背景下，企业数字化转型往往需要构建完善的内部信息管理体系，实现信息的共享、传递与调用，但同时也面临巨大的信息安全风险。

信息安全中的合规风险主要来源于企业数字化转型的内部信息建设和共享，信息壁垒导致的信息不对称，无用、劣质信息造成的信息污染，以及软硬件缺陷、系统集成缺陷等。企业数字化转型必须建立完善的信息共享体系，并通过合规风险控制保障企业内部信息安全、可靠和稳定，从而提升其整体信息传递与使用效率。然而，企业内部的信息内容复杂，覆盖全部业务环节，从而为信息安全风险合规管理带来难度。因此，一方面，大数据和云计算为企业共享信息带来了便利，能够将生产、采购、管理和销售等信息储存在云端，有助于信息在内部各部门之间传递，减少了信息搜索所使用的时间，提高了各项工作的效率；另一方面，企业信息安全管理需要较高水平的技术与措施作为保障。在现代网络技术越来越发达的情况下，信息的来源渠道和获取方式不断增加，内部信息的传递与调用面临越来越多的安全隐患，给企业信息安全合规风险防控带来了挑战。

（五）企业声誉中的合规风险

声誉是企业重要的信息资源和无形资产，能在企业数字化转型过程中为其带来效益。企业数字化转型过程中若释放出违规信号，会通过互联网上各种平台和应用程序迅速传播，给其带来巨大的声誉风险。

企业声誉中的合规风险主要来源于企业数字化转型中不合规的经营、管理等行为或外部事件致使其受到处罚或负面评价，并随着互联网广泛传播而导致利益相关者信任危机。网络声誉信息的传播通过媒体排名、专家认证等方式，影响利益相关者对企业的感知与判断。良好的声誉能够为企业数字化转型提供有利的舆论环境与客户资源，从而增强其竞争优势，扩大市场份额。然而，由于企业在数字化转型过程中的数据治理体系还不完善，存在较大的数据和隐私泄露的违规风险，若不能恰当处理这些风险因素，就可能引起外界的不利评价，并通过网络迅速传播，进而使企业面临巨大的声誉风险。因此，一方面，企业数字化转型所表现出的产品创新能力、个性化服务和成长性能够为其带来良好的声誉资源，借助网络媒体的信息传播优势，巩固和提升利益相关者对企业的有利评价，增强企业影响力并吸引更多客户；另一方面，企业通过"互联网+"进行数字化转型，也会扩大其不利信息的影响范围和力度，极大地提升不合规行为的成本，降低合规风险。

三、企业数字化转型的合规风险防控对策

（一）推动企业数字化到智能化进程

企业数字化转型以业务流程的数据化与自动化为基础，通过大数据、云计算与机器学习等技术，最终实现管理控制的智能化，从而科学优化企业合规风险管理。

首先，基于企业内部数据库，构建机器学习的模型和算法，实现业务流程智能优化。在业务环节安装智能化数据采集终端设备，自动筛选和采集所需要的数据，并上传到云端。通过大数据分析，维护自动化业务流程的安全运行，合理配置企业资源和员工。

其次，推动企业资金管控、业务流程优化、市场拓展等层面的智能化升级。通过信息采集与大数据分析，自动识别客户的个性化和多样化需求，并通过数字赋能，迭代优化业务模式和产品服务，精确各部门和人员的责任与职责，提升合规管理效率。

最后，基于人工智能技术，不断优化企业数字化业务流程系统，将各个"信息孤岛"互联互通，通过数字化精细操作，规避流程风险和业务弹性风险，实现企业数据赋能的风险评估、风险预警与风险应对，减少合规风险产生的不利影响。

（二）建立企业合规风险识别与预警机制

在数字化转型过程中，为了防范各类合规风险的发生，企业应建立健全合规风险识别与预警机制，全面剖析业务流程各环节存在的合规风险，并根据其发生概率和潜在后果进行预警。

首先，识别企业数字化转型过程中的流程自动化、业务弹性、动态员工、信息安全和企业声誉等相关风险，并建立包含风险发生可能性、影响程度、潜在后果等因素的评价指标体系，科学识别和评估各类风险。

其次，根据识别出的各类风险和经验数据，建立相应的风险预警模型和信息系统，使管理者可以随时查看业务流程各环节的风险实时预测情况，并且能够在问题发生时迅速找出引发问题的关键环节。

最后，基于合规风险识别、评价和预警模型，建立企业合规风险预警系统。通过企业内部大数据平台收集数据，自动采集并整理合规风险的诱发轨迹，实现风险的自动预警与警报解除，并通过在企业内部共享数据，不断修正预警模型与阈值，持续优化和完善企业合规风险识别与预警机制。

（三）构建企业信息管理云平台安全防护

企业数字化转型过程中需要通过构建云平台保障信息安全，并基于网络环境，构建安全的自动化业务流程与弹性业务机制，从技术层面降低企业的合规风险。

首先，利用区块链技术保障数据安全，完成数字化转型业务中各环节的数据采集、储存和同步，避免企业内部数据及客户数据被篡改、删除或窃取，保障数据的完整性、真实性和安全性，提升企业内部数据共享效率、智能化水平和可审计性。

其次，建立企业内部信息云平台安全管理体系，加强工作人员身份认证、应用场景打造、业务范围确定等程序，通过"防火墙"降低外网病毒和"黑客"入侵的风险，保障企业内部数据传递和共享的安全性和私密性。

最后，完善企业合规风险的评估标准，对外部市场和内部环境的合规风险进行评估。

通过分析违规案例，完善风险评估体系，及时调整云平台安全管理规范，使得企业能够对潜在合规风险问题进行判断和预警，进而采取科学、合理的规避措施。

（四）完善企业与零工平台的合作

在数字化转型过程中，企业通过与零工平台合作，将动态员工直接聘用转换为同平台企业的合作，降低企业的税务、劳动争议等合规风险，完善动态员工聘用与管理制度。

首先，分级管理企业员工，并确定动态员工的岗位。通过与零工平台的合作，筛选适合的员工并对其进行信息安全培训。通过平台向动态员工发放薪酬，并签订相关保密协议，由平台公司担保，降低企业信息泄露、信息失真等风险。

其次，通过与零工平台的合作，保障动态员工的权益并提升企业声誉，督促零工平台提升合规意识，建立内部风险管控体系，完善零工福利发放机制，促进社保缴纳改革等，降低企业数字化转型灵活用工中的税务、司法等相关风险。

最后，建立企业"云技术+动态员工"数据库与安全保障平台，根据企业数字化转型的弹性业务用工需求，匹配有经验的、适合的员工，并确保线上办公的网络环境与数据安全，提升企业合规风险管理水平。

（五）培育企业合规文化和合规意识

在数字化转型过程中，企业要进一步加强合规风险控制意识，建立全员合规行为规范和文化理念，根据相关法律法规动态调整内部规章制度，避免违规事件发生。

首先，建设企业合规文化并制定全员合规行为规范，建立合规行为与信息安全工作奖励机制，加强对数字化转型业务流程的重点环节可能出现违规问题的合规教育，对积极参与、认真执行合规行为规范的员工进行奖励，并健全合规审查机制，对项目运营管理、投融资决策制定、规则制度制定等重要事项进行严格的合规审查和监督。

其次，落实合规管理制度与合规文化建设，设立企业专门的合规管理和审查部门，确保各项业务的数字化流程得到有效监督。定期培养工作人员的合规意识，并在各重点业务流程窗口进行合规风险提示。通过合规尽职调查和合规报告，定期汇总企业的合规状况并上传到内部数据库。

最后，健全企业内部的违规行为问责和处罚机制，明确数字化业务流程中的责任范围。对于企业管理层和员工出现的违法、违规、违纪等不合规行为，要严格按照规定进行问责和处罚，并畅通违规行为举报通道。针对反映的问题和线索，及时开展调查和问责，避免外部处罚使企业遭受声誉风险。

第七章　业财一体化——财务集成与共享

第一节　财务集成实现共享原理

一、财务集成共享原理与内涵

企业发展的目标是持续性盈利，实现股东财富持续最大化，并承担社会责任等。因此，降本、增效、提质、增收是企业经营永恒的主题。在财务集成的通路上，企业要做到财务持续性降本并提升服务质量。企业财务数字化转型的降本提质目标可以分解为场景、内容、要素三个层面。企业需要建设财务数字化的特定应用场景，并且特定的应用场景决定资源配置模式，通过有效的资源优化配置来优化企业发展战略支撑场景；需要优化用以持续降本增效的财务运营场景，进而优化基于企业整体闭环、实施预测分析的业务经营场景。因此，财务集成共享的逻辑是在满足企业财务降本增效的刚性需求前提下，通过财务系统组织转型和科技创新赋能来实现发展目标，尤其是借助财务集成共享，针对公司战略发展目标完成全面预算、财务标准化与精益运营、业财融合等重点内容建设。

（一）财务集成共享原理

从根本上说，财务集成共享是将企业的业务、财务及管理有机结合起来，建立基于业务驱动的财务一体化信息处理流程，使财务数据与业务融为一体。在集成融合模式下，企业财务的核心业务按照财务共享平台及财务业务平台两个层次进行模块化，包括将财务共享平台的财务核算系统、资金管理系统、费用报销系统、资产管理系统进行模块化，将财务业务平台的税务管理系统、管理报表系统、转型报表系统、法定报表系统等连带基础支持系统、管理决策系统一并进行模块化。

按照这种标准化和模块化设计思路，不断对数字进行整理、加工和整合，落实通路和集成方案，快速解决业务端出现的问题。

财务的应用层端口的重点是解决在此模块之下集成、推动财务管理价值转化的问题。在基础支撑和数据中台赋能的标准化输出之下，不断实现战略财务提供策略指导和决策支持；对业务和财务的聚焦深入业务和执行层面，共享业务的基础标准，对基础业务进行统一处理，最终实现财务在运营系统层面、价值管理赋能层面和数字赋能层面的有效性。

财务集成共享一方面需要财务中台的支撑；另一方面在科技赋能之下，将企业项目和运行所需要的人、财、物结合起来，通过资金、物流、管理链接来形成整个环境的集合，真正意义上实现共享，告别以往的"孤岛"形式。因此，财务集成共享的基本逻辑是，在财务中台的赋能之下，实现数据的复用、标准化，并将财务业务进行自动化，在网络、数据库、软件平台实现企业财务管理的业务处理流程、财务核算流程、财务管理流程、资产确认及量化流程等的有机融合，从而构建能够集中体现企业运营活动状况的全局化、直观化、可视化数据分析预警系统。

通过建立针对业务驱动的整个系统的支持落地系统，实现财务集成共享化，使由业务驱动的企业战略在财务端口得到及时、完整、准确的处理，使业财有效融为一体。

系统可以根据企业的业务事件不同来合理筛选数据，满足不同的使用需求与使用动机。当业务事件发生时，系统利用预先设定好的事件驱动流程执行业务需求，记录并上传数据；系统根据业务事件的单据类型，遵循流程信息处理规则，将企业不同类型的数据集中于一个后台数据库，当需要信息时，具有数据使用权的各类"授权"人员，可通过系统引擎自动获取经系统整理后的各类信息。这种方式能在满足自由度与高效性的基础上实现数据共享，实时控制企业经营业务，让系统的财务控制职能真正发挥出来。

在数据中台的赋能之下，财务中台实现了财务系统的标准化、流程化并使复用机制得以有机落实。在财务中台的支撑下，财务后台的集成化优化迭代也得以快速、有效达成。因此，财务集成共享功能，既是业务发展快速迭代的需要，又是财务系统支撑企业战略落地的需要。

在这个层面上，财务的集成性体现在数据中台的数据集中性支撑方面。由于数据中台的数据系统是企业、部门、人员、项目、客商等信息的集成中心，以数据中台标准化输出的数据为基础，可以推动财务集成共享平台的管理架构及信息要素在全企业范围内的标准统一、维度一致。

从预算的管控角度看，财务全面预算管控落地涉及的全环节、全周期管理，是通过预算管理控制平台的嵌套和集成，形成集目标制定、预算编制、预算管控、预算分析、滚动预测、考核评价的全封闭、循环式控制系统于一体的预算管理系统。在统一标准化层面，系统实现了年度预算指标在集成之下的预算系统平台的业务控制；在共享模式之下，预算管理系统有效达成了财务管理工作前端化和事前管理的目标。

在数据中台系统体现的财务中台业务上，业务处理系统涵盖财务共享平台的资金、预算、财务核算、金税四个业务子板块，以及财务业务平台的商旅、人力资源、资产管理三个业务子板块。中台系统是集成共享的重要的模块化应用体现，也是日常经济业务记录、处理和交易经济信息生成的中端系统。

数据中台的作用也体现在数据汇总和分析的平台性方面。业务端产生的经济交易信息在财务中台系统处理完毕后，通过集成共享的推动，可以传达至共享平台，解决报账、外部报表、内部分析系统的输出问题。因此，在信息系统影响系统的输入和支撑下，共享平台解决了年度预算、部门预算信息的智能化导入问题，使得企业能够在任何不同时间段，都能对阶段性预算执行情况与预算计划进行全方位比对，完成偏差原因分析并给出预警提示。

财务管理人员可以对企业上一阶段的产品销售情况进行调查分析，完成下一期产品经营计划的编制任务，利用财务系统的集成共享能力，针对数据模型的资产量化和业绩评价，做好资产价值权属确定、资产性质快速量化、数字资产价值及时量化工作。

因此，财务集成共享可以对数据进行模拟测算，按照财务模型进行新产品采购、费用、销售计划与资金应用方法的设计，并运用得出的量化指标结果进行绩效考核，便于企业及时进行预算计划的调整与各项资源的优化调配。

（二）财务集成共享内涵

财务系统是企业财务的数字承载部门。企业财务对数据进行收集、加工、存储、管理、分析后，进行标准化输出和分享，实现财务的数字化赋能，以及财务组织重构、流程优化、运营模式创新。基于财务中台的建设思路，财务集成共享通过财务共享服务，借助财务共享的专业化、标准化、流程化、信息化，保证财务中台系统的完整性，推动企业以数据为纽带的管理转型落地。

业财融合的主要思想是，在建立网络、数据库、软件管理平台等要素的环境下，通过采取一定的措施，将企业的财务、业务管理流程进行有效结合，然后建立一种以业务事物为基础的财务一体化信息管理应用流程。在这一过程中，IT在业财融合实施机制的构建与落地中起着重要的支撑作用，由资源共享数据库及会计动态处理平台、专家系统来设计业财融合管理平台。

企业要想更好地实现业财融合，需要保证顺利推进两个关键步骤：其一，企业需要对全部业务流程及财务数据的处理过程进行严格规范，也就是对内部业务流程进行重新组合；其二，企业需要重新布置会计实际工作流程，在推进业财融合过程中，最能体现价值的就是会计部门。从最开始收入及支出凭证的编制到账本的登记，再到报表的生成，最后对财务信息进行可视处理，这些环节环环相扣、紧密相连，正是打破传统孤立型财务的关键所在，也是企业实施业财融合的重点。

企业在实施业财融合时，应当强调将业务流程作为改造的重点对象与核心，同时以满足客户需求为最终目标。

财务一体化以主数据系统为信息载体、以预算管理系统为控制端口。由数据中台赋能的财务中台实现了业务交易处理财务输出的及时性，也保障了以ERP及报表管理系统等为信息汇总中心的集成性，改善了财务管控的效果。共享性解决了"信息孤岛"问题，借助财务的量化赋能效果，实现了企业管理的事前、事中、事后全周期管理。

建设财务集成共享模式需要达成的目标已经解释清楚，但如何实现财务集成共享的快速优化迭代？如何有效实现一体化赋能且与业务需求有效配套？财务集成共享的转化基础在哪里？

这要从财务集成共享的特征角度及企业数据中台的赋能特征角度来解释。就财务子战略职能来说，构建财务中台，提供财务中台两个共享业务中台系统，以及由业财数据中台子系统支撑的数字化共享财务与数字化业务财务新型财务管理模式。

从子战略角度看，通过财务中台的技术输出，实现中台的支持落地和财务后台实施的共享财务与业务财务执行落地，也实现经营决策支持、制定财务战略和发展规划、制定财务管理制度规范和政策、统筹预算编制管理策略、筹划资金和投融资管理、稽核风险管控和绩效管理、股权及资产管理、税务筹划的落地。

系统通过共享业务中台的输出，发挥执行、监督、服务功能，从财务业务平台和财务共享平台两个角度出发，协助建立、执行及修订会计核算标准体系和相关管理实施办法，建立与规范会计流程和操作规范，制定操作手册，组织会计集中核算，编制会计报表，进行财务分析，执行预算，实施财务监督及资金安全检查，负责财务共享服务中心信息化系统的开发、建设、运行维护与日常管理，会计档案整理装订保管，以及政策文件资料的收集汇编、对外报送和外部检查工作，开展企业内部和外部财务审计、税务等各类专项检查工作。

从财务的共享业务中台角度来说，在业务分析层面，系统可以为业务部门赋能。业财一体化系统必须以产品的形式不断迭代，持续响应业务部门变动的需求。在业财数据中台的输出转化层面，系统能够实现业务的沟通反馈，深入一线，渗透过程，为业务单元提供经营决策支持，管控业务经营过程中的风险，支持业务单元的计划、预算和预测，以及投资分析、成本费用分析、盈利性分析和其他财务分析，还负责业务资产及产权管理、业务和税务对接、专题经营管理报表编制工作。同时，系统功能包含所在地的核算财务支持，比如交易处理、税务申报、备用金拨付、证据链附件扫描等。

业财一体化系统的集成、共享特征推动了财务融合、财务管理价值化。这也助力企业从财务层面到顶层设计层面的落地，为企业价值发现、财务融合与辅助业务价值创造打下了坚实的基础。通过财务的集成共享，系统解决了业财融合、财技融合、财管融合、财资融合等基于财务资金的赋能问题。

通过财务的集成共享，系统实现了财务工作循环，落实了员工费用报销流程、人力资源与薪资流程、生产流程、销售到收款流程、总账到报表流程、资金循环、管理会计循环、固定资产流程、采购到付款流程等全企业业务环节。

通过财务集成共享的支撑，财务管理部门可以系统地为企业各个层面提供收支服务，并为企业各个层面的人员提供分析决策支持。在企业决策层面，可以系统地实现企业提供策略指导、决策支持的战略财务的有效性；在企业业务支持的财务管理层面，可以实现财务针对业务的量化分析、统计及数据汇总，体现企业业务财务执行的有效性；在企业共享服务层面，按照标准化复用的支持原则，保障业务支持的准确性、及时性，提升共享财务标准化业务的执行效率与效果。

二、财务集成共享工具

随着"大智移云"技术的不断发展，自动化、人工智能浪潮兴起，大量新兴技术在财务领域得到了应用，如RPA、API、OCR、NLP、KG、AI、区块链、协同电子商务、ERP、微服务等。语音交互、智能问答、专家系统、智能决策、OCR识别票据、自动化机器人替代财务基础工作、经营预测、神经网络分析、风控及资金流预测、智能核算、智能报销、财务云等为其提供了一揽子解决方案。这些技术的应用进一步简化了财务日常工作流程，提升了员工体验，提高了财务的处理效率，将财务人力投入到更有价值和更具创造性的工作中，并辅助决策制定，促使财务管理水平提升。

良好运营的基础是良好的数据分析能力，包括数据、算法、算力和场景。数据化运营全局把控企业运营状况，平衡发展各项业务，从收集用户信息、分析用户行为到精确化营销，提供个性化服务，增强用户黏性，提高用户价值，提升用户满意度，从而提高运营管理水平，控制成本，保障投资收益比，加强系统监控，提升管理能力和运维服务水平。如今，日新月异的用户需求和席卷而来的技术浪潮驱动各个行业经历前所未有的变革。数字化能帮助企业各个环节提升效率，甚至产生新价值，创造新商业模式。未来，全球优秀的企业一定有科技公司，数据公司未来的商业属性一定是智能商业。

（一）RPA

机器人流程自动化（Robotic Process Automation，RPA）系统是一种应用程序，它通过模仿最终用户在计算机上的手动操作方式，使最终用户手动操作流程自动化。在财务共享服务管理模式下，将大量简单重复且易于标准化的财务业务集中到财务共享服务中心统一处理，为财务机器人创造了良好的运行环境。大多数共享服务中心管理者表示，RPA能够为企业带来诸多好处，如提升工作效率、保证工作质量、节约工作成本、增加企业价值、及时响应业务需求等，但RPA的运用对于流程标准化的要求非常高。共享服务中心需要进行仔细的分析，找出适用的流程场景，才能使其真正发挥作用。

随着新兴技术接连涌现，企业内部信息的互联互通不断加深，对工作效率和经济效益的要求不断提高，业财一体化的需求不断增加，各大集团企业纷纷建立财务共享服务中心，加强集中管控，从而产生大量需要集中处理的经济业务，RPA财务机器人应运而生。RPA财务机器人能够对规则化、流程化的重复性经济业务进行持续高效的自动化处理，未来的RPA财务机器人将进一步发展，具备智能化、工具化、交互化特质，而不再局限于简单的规则。基于周边的扩展和人工智能的加入，RPA财务机器人将越来越像一名真实的员工。RPA在财务共享中的应用已初见成效，如德勤以RPA财务机器人为核心并由其他认知技术辅助的财务解决方案受到广泛关注，"RPA+AI"的时代正悄然到来。企业在财务转型升级、推进财务共享服务中心与AI等新科技融合的过程中，技术是原动力，配套的技术创新、系统及云服务是重要支持。因此，企业要打破原有的技术限制，利用大数据、云计算等分析工具，通过"RPA+AI"逐步实现从RPA向AI的演化，努力打造立体化、多维度的管理会计新职能；可以快速集成各种数字化技术，提供数字化服务，如自动处理会计信息，使客户在任何时点都能通过人工智能得到最具时效的数据，及时、准确地了解企业经营状况及市场变动情况，为企业制定长远发展规划提供依据，帮助企业做出正确、有利的决策，使财务分析成为业务发展的增值环节，真正让企业受益，推动企业健康、快速成长。

此外，在财务共享服务中心深化应用和拓展期，企业应不断升级人工智能硬件，提高语音识别、文字识别等技术水平，构建全面智能化共享财务云及社会化连接；进一步促进财务工作的准确性、财务辅助系统应用的多样性和全面性，建立业务处理与人工智能深度融合的"AI+财务共享"财务管理模式，让智能票夹、智能报账、智能稽核、智能信用、智能派单、智能制证、智能税控、智能报告等应用"触手可得"。RPA的应用使得单据流转方式发生改变。这将影响财务信息的质量和及时性；影响发票、财务凭证等文件的安全性；影响财务工作运营效率提升目标的实现；决定了企业与财务共享服务中心间风险转移和职责划分；将对财务共享服务中心技术平台自动化解决方案提出要求。会计档案的存储地点会影响内外部监管、审计配合工作方式和责任主体的选择。企业流程自动化，手工软件操作替代，流程效率优化，把人从低附加值的繁重工作中解放出来。

在财务系统的传统模式下，费用审核占用财务人力多，财务工作标准化水平低，财务数据无法满足管理要求，财务人员价值发挥不充分。但由于之前一般财务系统具备一定的信息基础，可以结合企业实际情况，进一步优化现有的费控、资金及Oracle总账等财务管理信息系统，建设智能化财务费用控制及处理中心。

RPA系统以费用智能审核和财务RPA应用为鲜明特点，针对智能化财务共享服务平台，坚持"以客户服务为导向、以科技创新为手段、以风险管控为重点、以数据管理为核心"的建设思路，全面服务于企业财务职能的战略转型，为企业高质量发展提供优质服务和有力保障。

RPA系统在企业已有的费控系统、资金系统和Oracle总账系统等财务管理信息系统的基础上，增加费用智能审核和财务RPA模块，建设智能化财务处理中心财务系统，提高财务服务效率，降低运营成本。

在费用智能审核的设计思路和具体流程上，需要确定的主要内容包括：①费用智能审核的主体范围，包括是否适用于总部及各级分支机构；②费用智能审核的业务范围，包括是否涵盖总公司和分支机构的费用和资本性支出；③费用智能审核的人工复核范围，包括确定各类单据在下一步操作及付款前需由财务人员进行人工复核的条件，比如总公司和分支机构超出一定金额体量的费用和资本性支出，营业外支出项目和超出额度的支出审批权，智能审核后需要退单的单据（智能审核系统需对已提交单据的全要素进行审核，并在系统中标明退单原因）；④费用智能审核的时效，包括智能审核时效的时间限定要求，以及遇到需要紧急处理的事项时，在智能审核流程中加急处理单据，支持人工派单、人工审核；⑤实物单据的流转和装订要求，以及针对上述实物单据类证据链的集中存储等安排。

常规来说，单据完成业务审批流程后进入共享任务池，处理中心员工收到经办人邮寄的纸质凭证后，将纸质粘贴单连接扫描仪，进行扫描保存并自动传至智能审核平台。智能审核平台判断单据附件信息与影像扫描附件是否一致，比对结果一致的单据可生成凭证并通过，比对结果不一致的单据则拒回经办人节点，由经办人补充缺失信息并重新提交。最后，实物单据流转至总公司财务处理中心，由财务处理中心聘用的劳务外包人员在公司财务人员的指导和监督下对会计凭证进行统一装订、归档和保存。

（二）API

应用程序接口（Application Programming Interface，API）是一些预先定义的接口（如函数、HTTP接口），或指软件系统不同组成部分衔接的约定。API用来提供应用程序与开发人员基于某软件或硬件得以访问的一组例程，而又无须访问源码，或理解内部工作机制的细节。

在日常生活中有很多类似API的场景，比如计算机需要调用手机里的信息，这时候你会拿一根数据线将计算机与手机连接起来，计算机和手机上连接数据线的接口就是API接口。

API在财务中的应用可实现开放系统间的集成，拥有丰富的应用场景。例如，通过定义标准的API接口进行银企互联，实现收款、付款和对账全流程自动化处理；通过调用发票查验API接口，可对接税务局系统，实施发票验真、查重并返回全票面信息等。如今，银行正通过实施开放计划来遵守不断演进的银行业监管法规，从而满足客户的数字化期望，适应新的技术创新。API正是这些措施的核心，它使金融机构能够把现有资产与最新创新技术相结合，提供与合作生态圈一起快速、高效地开发新应用程序的敏捷机制。例如，在全球百强银行中，有92家银行每天依靠IBM Z来安全处理大量交易。开发人员可以利用API，创建和使用大量大型机数据的应用程序，而无须掌握大型机技术。在大型机上使用API创建金融应用程序，首先需要调用一个企业银行系统，获取客户信息、银行账户信息、信用评级等。这些API访问了一个使用IBM CIC、IBM Db2、IBM Machine Learn-ing等应用程序的银行系统。

（三）OCR

光学字符识别（Optical Character Recognition，OCR）是通过扫描、拍照等光学输入方式将各种票据、报刊、书籍、文稿及其他印刷品的文字转化为图像信息，再利用文字识别技术将图像信息转化为可以使用的计算机输入技术。通俗地说，这是一个对文本资料的图像文件进行分析、识别和处理，获取文字及版面信息的过程，亦即对图像中的文字进行识别，并以文本的形式返回。流程是：输入图像后，由系统对图像进行预处理，然后进行文字检测和识别，并成功输出文本。

从企业可持续发展角度看，完整的财务管理系统必不可少。财务系统对企业的重要作用不言而喻，事关企业的整体发展和经济效益的提升。OCR票据识别技术则能在财务管理中起到关键性作用。

企业需要进行多项财务操作，如财务核算、成本核算、经营分析、专项分析、现金流量表、利润统计等。而发票管理作为经营单位商品销售、营业收入的重要凭证，如何高效处理大量纸质发票，成为提升财务部门工作效率的突破口。无论是增值税专用、普通发票，还是电子发票，企业都需要完整保存。而纸质发票的弊病是不仅容易损坏、占用空间，而且不利于翻阅和查找。利用OCR识别技术，可以对大量发票进行有效管理。

OCR作为人工智能的一部分，正在各领域发挥越来越重要的作用。作为OCR的衍生识别应用方向，发票识别与财务管理系统相结合，能扫清许多管理弊端和漏洞。例如，奥普快票通可对大量纸质发票进行扫描识别，并输出便于编辑的文档。整个识别过程平稳、快速，在保证识别精准性的同时，轻松将大量纸质发票电子化。

OCR以软硬一体相结合的形式，保证快速扫描纸质发票，同时也保证了识别的精准性。OCR被广泛应用于互联网领域，尤其在财务工作领域，应用场景更多。在财务单据的智能识别方面，可以实现制式单据、证照类单据和非制式单据的识别。其中，制式单据包括增值税专用发票、增值税普通发票、增值税电子发票、定额发票、火车票、出租车票、行程单等；证照类单据包括身份证、车辆行驶证、快递单、保险单、营业执照等；非制式单据包括费用清单、入库单、出库单、收货确认单、签名表、预算审批表、说明、合同协议、方案、会议培训通知、缴费通知、判决调解书、OA签报、手工签报、竣工验收单实物与现场照片、差旅明细表、预提单、邮件截图、报税证明等。

（四）NLP

自然语言处理（Natural Language Processing，NLP）是计算机科学领域与人工智能领域的一个重要方向。它涉及能实现人与计算机之间用自然语言进行有效通信的各种理论和方法。用一句话概括就是让计算机懂得人类语言。人们在生活中不知不觉已经在使用这项技术了，如讯飞的语言输入、中英互译，Siri的智能语音助手，甚至是无处不在的垃圾邮件防御过滤、自动语音营销推广电话等。

对于财务而言，NLP技术比较有价值的应用领域主要包括以下两个方面：

第一，对业务人员报账涉及的业务活动进行辅助检查，看是否合理合规。有的报销人员并不熟知公司的报销制度，因此会出现一些不合规的报销内容。传统的技术手段无法分辨这种行为，必须要靠人工检查。而通过NLP的文本分类算法，可以较好地解决该问题。通过训练AI算法，可使系统理解哪些行为是违规报销事项，进而自动进行分析和预警。

第二，辅助审核商务合同，发现可疑的财务风险点。当企业取得一份合同时，财务人员会对其进行审查。一般情况下，对方会提出一些比较苛刻的要求，因此必须认真阅读每一个条款，识别合同风险。比如，对方提出的付款条件十分严苛，设置了不合理的惩罚条款，缺少重要的付款账户信息等。对于这些检查事项，原有的计算机技术是无法完成的，必须靠人工进行核查。但是有了NLP技术后，企业就可以对AI算法进行训练，经过数据标注方式，让计算机学习不同的语言模式。经过大量训练后，计算机就能帮助企业对合同文本进行检查和复核，并提出相关意见。NLP技术可以很好地辅助财务人员审核工作中涉及文本形式的内容（报账事项、合同等），有效提高财务工作效率和质量。

（五）KG

知识图谱（Knowledge Graph/Vault，KG）本质上是语义网络，是一种基于图的数据结构，由节点（Point）和边（Edge）组成。在知识图谱中，每个节点表示现实世界中存在的"实体"，每条边为实体与实体之间的"关系"。知识图谱是关系的最有效的表示方式。通俗地讲，知识图谱就是把所有不同种类的信息（Heterogeneous Information）连接在一起而得到的一个关系网络。知识图谱提供了从"关系"的角度去分析问题的能力，其具有对知识进行学习和推理的核心能力，是实现机器认知智能化的重要基石。相较于传统数据库，KG更擅长建立复杂的关系网络，而且具有更高的关联查询效率，可以在海量的关联关系中挖掘数据价值，并可用于对供应商关联关系的智能化管理。

企业的人、事、财、产、学、研等多个方面，都急需通过现代化的人工智能技术提高产出、降低成本和优化效率，而在当前阶段，大多数企业仅完成了基本的信息化改造。知识图谱在以下典型的企业服务场景中可以产生超出预期的效果：

第一，在营销决策中，当企业生产和销售的商品面临复杂的流通环节，如通过成千上万家多级经销批发商卖到数以百万家的终端客户时，自动汇总销售流向数据，进行营销决策，存在较大的技术难题，因为这些数据中的绝大部分是非标准数据，需要大量人工进行核对，费时耗力。另外，进行营销决策往往还需要对比竞品数据、分析消费者数据，针对业务需求对这些海量的非结构化数据进行细粒度的分析和挖掘，更是非知识图谱技术莫属。

第二，在供应链优化中，企业生产商品的过程中通常要采购各种不同的原材料、辅料和半成品等，那么如何集中采购，如何找到物美价廉的供应商，如何及时了解供应商的情况，都依赖于以知识图谱技术为基础的非标准和非结构化数据分析技术。例如，自动搜集和比对每一种原材料、辅料在各个电商和渠道中的价格和销量，自动搜集和比对招投标文档，找到行业中某款产品中标最多或价格最优的供应商，甚至将不同工厂的不同ERP中的原材料、辅料类别体系合并，以进行集中采购。

第三，在客户服务中，无论是在售前寻找和筛选潜在客户，还是在售中与有意向的客户进行交谈，抑或是在售后对客户态度进行分析统计，都可以基于人工智能理解客户的意图。这需要根据业务场景的需求，制定与品牌和产品属性相关的知识图谱，进行细粒度的语义分析。例如，搜集各大社交论坛中的用户帖子，寻找对己方产品有潜在购买意愿的客户言语，并记录客户ID（身份标识）；对多客服呼叫中心的电话录音或门店的店员录音进行深层语义分析，检查业务人员是否按照培训进行推销，或者检查客户的需求是否得到了满足。

第四，在产品研发中，通常需要阅读海量的专利文献、用户档案、用户评价、产品说明手册等文档，并针对其中的知识点进行查找、分析和统计。基于知识图谱技术，可以很好地实现这一点。例如，在研发新药过程中，借助知识图谱，可以定义和抽取成千上万份病历中的病人信息、用药史、服药效果、症状等知识点，并进行对比分析和统计，以此开展新药研发；在研发新保健产品过程中，可以对互联网用户反馈的信息进行分析和统计，得到细分用户群体对每一种产品功能维度的态度，以此开展用户直连制造（C2M）。

第五，在财务、税务和法务中，相关环节涉及大量专业文档处理工作，并对处理精度有着极高的要求，知识图谱和认知计算能在其中发挥重要作用。例如，快速比对客户返回的合同与己方合同模板的差异，并强调重要的改动之处；快速统计销售数据，并与进销存系统数据进行核对，计算给渠道代理商的返点，以做到及时返点；根据业务合同的内容，快速在财务系统中创建相应的财务记录，自动填写相关名目并附上证据；自动搜集政府发布的政策文件，查找符合企业的税收和扶持政策。

（六）AI

人工智能（Artificial Intelligence，AI）也称智械、机器智能，是指由人制造出来的机器所表现出来的智能。通常人工智能是指通过普通计算机程序来呈现人类智能的技术。自动化和人工智能技术的应用，使财务部门具备了强大的数据采集能力和操作处理能力，推动业财数据的聚合、贯通和应用，促进运营方式的转型、升级和突破，实现管理的智慧化转型、技术的创新化应用、数据的生命化流动，为提高企业智能化水平和实现数字化转型奠定了基础。借助人工智能，企业可以对业务流程进行彻底的思考，或者重新对业务流程进行再设计；然后基于现代化的业务流程管理手段，打破传统职能型的业务流程组织结构，在业务流程方面，最大化地实现技术上的功能集成效应。

在人工智能背景下，企业对业务流程进行重新组合，不仅能带来全新的业务处理措施，而且能为其发展提供更多全新的机遇。企业业财想要完美融合，需要结合人工智能技术，对自动化及自然语言进行深度剖析，实现财务智能化管理，并构建财务共享平台。为了更好地进行企业财务管理，可以参考和借鉴三种做法。首先，运用智能探测器探测事件。当企业发生一笔经济业务时，智能探测器就会第一时间将其交易的时间、地点、内容及交易过程中涉及的所有经济利益等相关信息，反馈到财务信息管理共享平台，从而保证了财务信息的时效性。其次，通过数据库驱动系统控制器，将现有的财务工作与实际要求进行对比，能清楚地发现财务工作是否出现了违规现象。数据库驱动控制器会推动动态的会计信息分析处理平台开展后续工作。最后，在进行财务工作时，财务人员可以通过人工智能操作指令，将财务数据信息自动生成财务报表。利用人工智能强大的数据处理功能，可以将报表之外的图形或表格共享到财务管理平台，实现财务数据实时共享。

第二节　财务集成之财务共享

一、管理转型实现财务共享从分散到集中管控

第一阶段先实现集中管控，借助影像系统，用影像结果审核替代实物审核，完成制度标准化、流程标准化、风控分解化，从而推动企业管理从粗放到精细的创新，实现复用效果和标准化效果的最大化，使企业降本增效。这个阶段挖掘的是人力资源的效率和时间，实现了人员的集中、再分工的转换和流程再造，解决了团队定位、职责、流程问题，为财务人员在专业领域发挥最大的专业价值夯实了基础。

再分工的结果，就是通过财务共享服务中心进行工作职能分工，带来的好处是专业化，而持续的专业化分工带来的好处是业务处理更加熟练，单位时间产出增加，无须在各种工作中来回切换。同时，通过长期的专业化业务处理，可不断积累经验，增强业务认知能力，为后续的价值提升奠定很好的基础。所以，专业化分工是通过提升效率来提升价值产出水平。同时，专业化分工引导企业走向流程化和标准化。这是财务共享服务中心第一次通过组织提升自身岗位的工作效率。在标准化和流程化的过程中，财务共享会对业务部门提出新要求，所以业务部门反而可能因需要配合工作而增加工作量，推动企业管控从混乱走向有序。

这个阶段的财务共享服务中心推动流程化，体现在将所有财务流程（采购与付款、销售与收款、费用与报销、入库与成本、总账与报表、员工与薪酬、税费与规费、资金与管理等）进行分解和优化，重新按照规范标准重构端到端的流程，并严格以财务共享流程方式进行业务层面的设计，系统地进行流程再造。流程再造就是财务共享服务中心体系内的再分工问题解决之后，组织层面围绕业务流程的再分工，这需要从业务层面做深度理解，并结合业财一体化的融合要求，实现财务与业务的协调配合。借此改革，企业实现端到端的业务流程改造和升级，优化业务全流程效率目标，推动人力资源效率和效果大提升。

第一阶段的里程碑事件体现在：①使企业针对外部数据的汇聚能力实现由不足到系统性增强的转变。采集契合企业不断发展迭代的经营模式需要的数据，并以互联网方式进行汇集，融合企业内部数据和外部互联网数据，将分散的数据变

为集成的数据，提升数据处理效率和效果，改善信息基础设施建设的效用，降低管理难度。②消除数据处理性能的瓶颈，实现大规模数据集成和采集作业的系统化安排，及时处理和完善数据，提升技术处理能力。

这一阶段的财务共享服务中心职能赋能，将财务人员从低价值、重复性工作中解放出来，解决专业分工问题。

二、信息技术赋能财务共享的功能集成：人机协同

第二阶段要实现信息技术赋能下的财务共享功能集成。通过功能集成，推动财务共享的集约化效益转化，同步植入风控管理，实现顶层决策在基层应用的贯彻直达。通过内控、内审、法务、合规的系统性嵌套，借助集成效果，使财务功能与辅助风控功能融合，实现人机协同，促进综合效益最大化。

第二阶段的里程碑事件体现在：①实现交互、复杂、系统的数据同步和集成，集成越来越多的各类应用程序，使不同类型的数据在系统间同步，实现系统性转换，推动异构性数据和同质性数据的转化；②借助风控系统，进行数据处理实时监控，解决业务场景过于复杂而数据监管出现真空的问题，实现有效融合，服务于监督工作。

在人机协同的状态下，自动化解放了人力，管理会计促进了业财融合，实现了人机协同的价值共享。这个阶段财务共享服务中心的信息系统，实际是一个信息集成平台，实现了员工、客户、供应商、其他利益相关者和企业紧密连接，将财务准则、制度、规范、流程等固化于人机交互的大系统中。通过将基础层、执行层、管理层、决策层等不同层级进行系统结合，实现了业务信息在财务层面的协同处理，以及管控决策的全方位支持转换。因此，这个阶段在推动人力资源能力提升的同时，实现了信息系统对企业管理赋能的价值提升。

三、科技赋能推动财务共享的中台集成：优化人机协同流程

第三阶段要实现科技赋能下的中台集成，也就是更多地借助当下的新科技，推动企业业务与财务的一体化融合，基于复用、标准模式的中台模式，中台实现标准化并演进为业务中台和财务中台支持系统。因此，财务共享作为财务中台的核心部分，在财务和业务之间起到承上启下的作用。融入财务中台的财务共享，在实现业务流程优化、组织结构改善、价值创造实现等层面，借助标准化融合、数字量化和评价等赋能，成为中台集成后系统解决财务一体化落地的核心支撑，为系统解决财务共享服务中心本身需要实现的快速数据分析、业务管理、简化流

程、量化评价等功能打下了基础，并不断获得突破。

第三阶段的里程碑事件体现在：推动数据功能不断集成和融合，构建基于业财融合模式的一体化大数据整合平台，对大批量异构数据进行智能化挖掘、分类，并进行可视化转换，形成可视化分析、应用、决策。厘清中台逻辑，作为企业应对竞争和业务变化的必然产物，中台成为企业财务共享的桥梁。在各个集成功能和服务智能化层面，实现持续性标准优化，以及持续性科技赋能和功能的迭代释放。

这包括统一、透明的适配器接口获取数据方式的升级，解决结构化数据和非结构化数据获取难问题，实现异构数据的抽取、转换和存储，增强标准化数据获取能力；在支持异构数据源灵活扩展的同时，确保整个架构体系的安全、稳定，将任务管理、智能调度、监控管理等统一化。具体如下：

第一，分布式处理方式的赋能。解决数据采集一体化问题，包括各种不同源数据采集策略、质控、负载的一体化；实现并行处理框架的实时、批量、增量计算等协同；实现调度管理一体化，保障数据处理作业优化决策及智能控制；实现环境监控一体化，确保主机资源、分布式存储状态、处理作业状态等处于监控闭环。

第二，解决大数据分析技术应用问题，保障非结构化数据处理和分析的实时性、动态性。这个阶段的重点是通过基于信息化技术的流程再造来优化人机协同，挖掘流程优化空间，通过将管理会计价值融入信息化，增强财务人员的能力。以此为基础，通过优化数据价值挖掘方式，推动数据从小量到大量、从微观集成到整体系统集成的转变，提供基于价值发现的企业管理与商业融合的有效支撑。

四、财务共享演进路径与财务数字化赋能

财务共享服务是基于复用、共享、标准化模式建设的新型财务管理模式，其处于动态发展过程中。财务共享服务通过针对人员及观念、流程及风控、组织及系统的一揽子再造过程，不断实现财务共享的价值创造和持续性价值再发现。

财务共享服务对传统财务活动进行了全方位、革命性的再造，是财务转型的第一步。财务共享服务中心的规模化、集约化作业，不仅可使企业大幅降本增效，而且能为新兴技术提供应用场景，为企业从信息化到自动化、智能化、数字化升级奠定基础；通过专业化分工，将操作工作与管理工作分离，促使财务人员有更多精力从事价值创造工作，推动财务职能转型；通过流程再造、业务的在线

互联，实现数据生产的流程化、标准化，将企业经营相关信息、数据汇集到财务共享服务中心，使财务能够进一步成为企业利益相关者的信息中枢和企业的数字神经系统；通过财务共享服务中心的持续运营，不断提升财务专项能力、信息采集能力、业务支持能力，实现财务的数字化转型，使财务在企业管理转型升级中发挥价值。

从企业财务共享的角度看，企业财务应用场景的智能化水平越高，一体化流程管控和预警效率就越高，财务模型的前瞻性分析信息化水平越高，企业财务共享的效果随上述功能的集成也越好。因此，企业财务数字化转型对财务共享的支撑效果也会更好。具体而言，财务数字化需要解决如下问题：

一是企业的组织转型，财务共享服务中心从处理费用资金核算等标准化业务的职能部门发展成为包括IT共享、人力资源共享、采购共享的财务共享平台，完成了从职能共享到数字化服务的组织转型蜕变。具有数字化思维和能力的综合型财务人才不断增加。财务人员不只要具备财务工作所需的专业技术能力、分析预警能力，还要具备复合式的知识体系，掌握结构化数据查询与分析的能力、结合场景的数据建模能力、数据分析软件运用的能力，以及以企业整体战略为视角、利用财务数据的前瞻性和量化结果的功能，来反哺企业业务系统的能力。

二是结合科技赋能实现技术创新。这涉及企业财务精细化和快速响应市场方面。

从企业财务应用场景的智能化角度看，财务数字化涉及以下领域：

1.对企业战略进行系统支撑，挖掘企业战略价值，包括推动全面预算数字化，通过将数据贯穿于企业战略、企业业务计划、全面预算、预算执行控制每一个环节，形成数据产生的闭环，了解业务动因，并通过预判未来可能发生的情景反哺业务；推动资金监控、理财、资金池的数字化。

2.提升企业运营管理质量，实现财务价值。对运营核算规则，流程的制定，制度编制，通用核算规则确定进行标准化和细分，借助数字化系统实现企业在上述层面的精益运营。通过系统性设置审核要点的细化功能，并嵌套入数字化平台系统，实现系统平台的报销合规性检查，借助系统内设算法判断并检查付款计划、合同管理甚至敏感字段，为企业提供审批建议。

3.促进企业业务挖潜、财务融合，推动企业业财一体化，从根本上提升企业经营价值。基于企业资源禀赋的不同，构建一体化的业务前台，保持业务前台的独特性，并通过建设统一的基础数据标准、规范的数据治理项目，推动数据整合和标准化，实现"数据打通、业财融合"；针对基础数据体系尚未融合及标准化接口尚未实现的问题，可以统一企业的各个平台，端到端打通数据，实现"统一平台、业财一体"。

此外，从企业加强业务挖潜角度出发，采取闭环式经营分析方式，通过数据分析找到业务行为、业务结果、未来预测、行动改善等路径。在财务系统分析方面，可以先记录数据的规则，使数据形成良好的基础支撑，通过端到端打通数据，依据不同主题对数据进行汇聚和连接，针对性地进行专项和全面的财务分析，以及专项前瞻性预警分析，支撑企业中长期决策目标。

第三节　财务共享服务模式

财务共享是一种成本更低、综合性更强、效率更高的财务管理创新模式。最近几年，财务共享服务中心在中国发展迅猛。越来越多的企业，尤其是世界500强企业等大型企业集团，将财务共享服务中心建设作为财务转型的契机。无论是选择虚拟运作模式还是选择现实的工厂运作模式，都可以提高财务管理的水平和效率。

一、财务共享服务中心按集中模式分类

财务共享运营组织主要有两种：物理集中的财务共享服务中心、虚拟的财务共享服务中心。

（一）物理集中的财务共享服务中心

物理集中的财务共享服务中心将原有企业集团内分布在不同地点、不同财务组织中的财务人员集中到一个或多个特定地点，建立物理的共享中心。通过集中的财务共享组织优化的业务财务流程、统一的财务核算标准、高效的财务共享平台，帮助企业集团完成财务数字化、合规化、标准化、专业化转型，降本增效。这是实现财务共享的常用方法，也是目前国内外大多数财务共享服务中心采用的运营模式。

1.按照中心个数划分

物理集中的财务共享服务中心一般划分为"单中心"和"多中心"两种模式，模式的选择要与企业集团实际的管理架构、财务共享服务中心运营实际情况相匹配。

"单中心""多中心"并不是一成不变的，可以从财务共享服务中心项目的

可操作性、成功保障程度、运营时期、运营成熟度等多个方面进行综合判断，适时转变运营模式。比如，在财务共享服务中心建设期，可以采用更加灵活的"多中心"模式，开放地应对组织变革、人员变革、流程变革、IT变革等带来的影响或需求变化；而到了运营成熟期，可以逐渐向一个大的财务共享"单中心"甚至企业集团"大后援中心"演进。

其中，"多中心"模式可以依据"地域""板块"或"地域+板块"方式进行融合，根据各中心之间的关系又可分为总分模式、平行模式、联邦模式等。

（1）总分模式。

一套IT系统集中部署，一个管理中心、多个平级运营中心。

（2）平行模式。

多套IT系统独立部署，多个共享中心，相互之间不存在协作关系。

（3）联邦模式。

多套IT系统独立部署，一个管理中心、多个平级运营中心。

2.按照特征划分

（1）大一统模式。

在这种模式下，无论企业集团有多少种业态，也无论其在全国乃至更大范围内有多少个经营单位，只设立一个全集团统一的财务共享服务中心，该财务共享服务中心向集团所有成员单位提供共享服务。

大一统模式比较适合集团强管控、强执行、标准化、规范化程度较高的企业。该模式进行统一规划、统一建设、集中管理，能减少重复投入（但一次投入较高），减少不同外围系统的对接成本，最大限度地发挥规模效益，有利于更好地促进集团统一管控。建设过程应该遵循流程尽可能统一、标准尽可能集中且循序渐进的原则。

（2）区域模式。

在这种模式下，企业根据下级组织的区域分布情况，灵活设置多个财务共享服务中心，区域共享服务中心向一定区域范围内的组织提供共享服务。

区域模式比较适合按区域进行管理、区域分布广且区域在共享中心建设进度等方面可能存在一定差异的企业。该模式在建设过程中应关注不同区域的组织权限、数据与信息权限隔离的问题。如果区域内的组织经营多种不同的业态，还需要关注业态间的差异问题。

（3）产业模式。

在这种模式下，企业针对不同的产业板块分别建立多个财务共享服务中心，产业集团的财务共享服务中心向其所属成员组织提供共享服务。

产业模式适合多元化发展且产业板块业务差异较大的大型综合性集团企业。在该模式下，集团可根据条件成熟度、紧迫度等，选择或批准下属子集团先行建设财务共享服务中心，后续推动其他产业集团完成财务共享服务中心建设。因此，全集团的建设进度、风险、标准相对容易管控。该模式在建设过程中应关注不同产业集团组织和数据级权限的控制问题。

（4）项目模式。

当前，海外一些重量级的大型基建项目，投资额大，项目类型复杂，涉及的专业众多，工期要求严格，通常需要产业链内多家专业公司共同参与实施。由集团内平台公司对外承接项目，集团内产业链上下游各专业子公司共同参与实施项目已成常态。为有效管理和核算项目，可建立项目化的财务共享服务中心，以统一科目、统一核算规范、统一流程、统一标准、集中管理方式进行独立的账外核算。

（二）虚拟的财务共享服务中心

虚拟的财务共享服务中心不是将所有共享中心的人员集中到一个统一的地点，而是通过标准的业务财务流程、统一的财务核算标准、高效的财务共享平台，以及先进的网络技术、通信技术（如视频会议技术）等，将不同区域的员工联结起来。虚拟的财务共享服务中心实现了将分布式管理、需求侧响应和财务资源共享统一协调控制，以及响应企业调度指令的物联网技术的应用。

虚拟的财务共享服务中心模式下，在组织人员方面，集团财务部可以作为管理中心开展统筹共享复审、资金结算等工作，如此可以整体把控核算质量，加强风险管控；而不同区域的财务人员可负责更贴近业务实际的共享初审工作，同时负责与业务更加融合的业务财务工作。因此，在IT系统操作处理上，可以根据实际情况将共享作业池划分为多个任务池，供各区域财务人员协同处理。

对于确需建立财务共享服务中心，但由于种种原因无法集中获取相应人员配置的企业集团，这是一种比较有效的替代方案。但这种模式缺少经常性的面对面沟通，会导致不同地域员工之间合作困难，同时对于网络通信条件、人员管理方法、政策贯彻落实，以及财务制度、流程、科目的标准统一，都提出了非常高的要求。

虚拟模式是相对于实体模式而言，它不需要建设专门的、集中的物理共享服务中心，而是继续由分散在各地的人员面向多个组织提供共享服务。这种模式的核心是依赖数字技术，通过数字技术手段实现业务和财务处理的共享。类似在家里通过共享平台完成共享作业处理，本质上也是一种虚拟的工作模式。

因此，虚拟的财务共享服务中心打造了一个平台、两张网络、多方应用的出口，实现了应用的有效共享。一个平台，即虚拟财务共享智能管控平台，可实现设备数据和互动财务信息的计算、存储，集成运行管理、交易、服务功能，整合优化财务共享的资源与实时交互；两张网络，即以集团化财务管理为核心的一级集团财务数据共享网络与以"云管边端"架构为核心的二级子集团功能性模块的财务数据共享网络，发挥财务共享的功能性集中和多资源汇集传输、转换利用中的财务功能分解的枢纽作用；多方应用，即企业子公司财务用户、外部生态企业用户、企业其他关联用户等。事实上，企业在建立财务共享服务中心时，如果面临人员、场地、预算、变革准备不足等问题，虚拟的财务共享服务中心模式也是一种可选的方案。

当然，企业选择何种模式，可以随其发展水平变化而动态调整。一些组织可能在建设过程中使用的是虚拟模式，随着条件的成熟、共享服务的成功推广，可能会演化成实体形态下的大一统模式、产业模式等。而随着运营管理能力、管控能力、标准化水平等的提升，早期选择的产业模式或区域模式，也可能演化成集团的大一统模式。随着社会经济和技术的发展、管理的进步，员工可以在不同城市、家里、咖啡馆、高铁等场景实现移动办公，财务共享服务中心模式更多地呈现虚拟化特征。

二、财务共享服务中心按服务范围分类

（一）按照输出的服务范围分类

无论财务共享服务中心是按物理集中方式还是虚拟集中方式划分，依据输出的服务范围进行分类，都可以分为基础服务范围模式、中级企业闭环服务范围模式、高级企业外延服务范围模式。按照财务共享服务中心是否设置了子中心，可以划分为单中心模式和多中心模式。而按照特征划分，则可以划分为大一统模式、区域模式、产业模式、项目模式。

1.基础服务范围模式

财务共享服务中心成为单纯的财务端流程支持方。首先是基础模式，在这种模式下，财务共享服务中心定位为单纯的财务端流程的支持方。如商旅服务公

司，所有的商旅服务都是由财务共享服务中心以外的第三方来完成的。基于双方的系统对接，商旅服务的信息流和财务是能够打通的。当第三方机构完成了商旅服务后，员工也完成了差旅行为，后续的财务结算、报销、核算等一系列流程就需要交给财务共享服务中心来完成。

在这种模式下，财务共享服务中心实际上承担的还是类似传统费用报销流程的作业处理工作，可能唯一的改变是由逐笔进行业务处理转变为总对总结算后的批量处理模式。尽管交易量减少了，但是仍需要增加交易核对的处理流程。总体来说，这种模式对财务共享服务中心的要求最低，甚至谈不上什么改变和功能拓展，仅仅是对新商旅模式的一种配合而已。

2.中级企业闭环服务范围模式

财务共享服务中心承担中台的订单处理和售后服务工作。在中级企业闭环服务范围模式下，财务共享服务中心的参与程度上升了一个水平，不再局限于在财务流程中进行财务处理，而是真正意义上"走出去"，进行功能拓展，开始涉足商旅端的业务流程。商旅服务的处理也是一种运营的类型，和财务运营本质上是相通的。因此，这种跨界的作业处理并没有遇到较大的障碍。与后面要谈到的高级模式相比，中级模式下财务在商旅流程中呈现半参与特点，主要集中在中台的交易处理和服务处理上。

在这种模式下，财务共享服务中心需要搭建一个中台服务团队，嵌入供应商和企业内部员工，起到承上启下的重要作用。如果企业端未自建中台，通常由商旅服务商来承担这项工作。商旅服务商通常会按服务次数进行收费，且收费标准不低。

财务共享服务中心承接中台服务后，替代的就是上文所提到的原本由商旅服务商提供的服务。员工通过在线系统或电话沟通提交订单，财务共享服务中心商旅团队在接到订单后进行机票或酒店预订处理，并负责与员工就特殊情况进行及时的呼出沟通。当完成预订后，员工在实际的差旅过程中可能会发生必要的退改签情况，财务共享服务中心要能够及时进行业务处理，为员工的商旅行程提供保障。

相比服务外包商，财务共享服务中心承接中台业务处理工作有以下三个优势：

第一，从服务外包模式转为自营模式，在当前商旅服务外部成本普遍居高不下的情况下，能够更有效地降低作业成本。

第二，财务共享服务中心自营模式对服务水平的管理及服务细节的考虑更为深入，如对内部高管的差旅VIP保障、员工发生特殊情况时的援助服务等。

第三，财务共享服务中心自营模式能够更好地支持风险控制，针对一些差旅舞弊和违规情况、不合理的成本开支情况，可以从财务成本管控、风险控制的角度进行引导和规劝，而不是仅仅服务外包商简单的原因记录。总体来说，财务共享服务中心参与商旅中台服务，与单纯地将业务交给商旅服务商来处理还是有所不同的，因此有其存在的逻辑和价值。

3.高级企业外延服务范围模式

财务共享服务中心承担采购端的采购及供应商管理工作。在高级企业外延服务范围模式下，财务共享服务中心彻底承担了商旅流程端到端的管理工作。与中级模式相比，财务共享服务中心增加了前端机票、酒店、用车等供应商选择、采购管理和供应商日常管理的诸多工作。而在中级企业闭环服务范围模式下，此类工作通常由企业内部的行政部门、办公室或采购部门来承担。

当然，这一角色的转变对财务共享服务中心来说，实际上是从单纯的运营管理涉足了采购管理的范畴，也会存在一定的争议。比较介意这种做法的企业认为，财务涉足采购是一种职能上的越位，它在这一领域兼具运动员和裁判员的冲突身份。而支持此种做法的企业认为，财务成为差旅费的流程属主，能够更好地发挥全流程端到端的服务和管控作用。

（二）按照输出的服务类型分类

建立在企业管理层领导下的财务共享组织，根据输出的服务类型不同，可以将财务共享服务中心分为服务型财务共享服务中心和服务+管理型财务共享服务中心。

1.服务型财务共享服务中心

相关的职能范围主要聚焦在会计核算、资金结算、标准报表编制、档案管理、系统运营维护、基础会计政策及流程标准制定、数据支持等基础服务层面。重点专注的领域表现在财务效率提升上，解决的是服务的降本增效问题。服务型财务共享服务中心发展成熟后，基于成本效用原则，还可以采取外包或专业化分包模式。

2.服务+管理型财务共享服务中心

相关的职能范围除上述服务型财务共享服务中心涉及的职能外，还承担会计政策制定、流程标准制定、对外报送及披露、经营业绩分析及汇报的职能。重点特征在于除了内部业务，还对接外部监管机构。由于管理的赋能，服务+管理型财务共享服务中心的功能有利于推动共享建设，也有利于提升整体财务价值。

（三）按照战略结构规划分类

不同的战略结构对财务共享服务中心的战略定位、业务复杂程度、管理复杂程度产生根本影响。战略结构规划是指财务共享服务中心的结构性定位规划。

从战略结构规划来说，按照区域服务划分，可以将财务共享服务中心分为全球中心、区域中心、全国中心、专长中心四种类型。其中，全球中心将国际化企业在全球范围内的业务流程集中到财务共享服务中心来处理；区域中心将国际化企业的全球业务划分为大区方式，将业务流程进行大区化分拆，进行区域化共享服务中心处理；全国中心将企业的国内业务全部集成到国内某个性价比最高的区域来实现；专长中心将适用于财务共享服务中心的业务流程，在全国范围内建立相应的若干共享服务中心，比如针对核算业务、资金业务、预算业务的专业中心。

（四）按照盈利模式分类

按照盈利模式分类，可以将财务共享服务中心划分为成本中心、利润中心两种类型。也就是说，财务共享服务中心从企业内部职能部门或职能部门的其中一部分，发展成为独立的运营主体，再成为盈利机构。这其中，成本中心的逻辑是，作为企业的内设独立机构，或是独立机构的组成部分，主要处理核算、报销、资金的集中处理工作，不直接对外承揽业务；利润中心的逻辑是，按照服务质量原则进行内部结算，并成为盈利组织。在服务能力得到保证且安全的前提下，通过为外部企业提供专业服务实现盈利。利润中心体现在针对内部客户和外部企业客户的市场化方面，成本中心从基本模式向市场化模式演进，并在合适的时机可以做到独立经营。因此，不同的战略职能规划将对财务共享服务中心的运作目标、原则、管理模式产生根本影响。

参考文献

[1]张育明，刘新元，孙勃.现代财务与会计管理研究[M].太原：三晋出版社，
2023.03.

[2]袁东霞.财务管理及其分析实践探索[M].长春：吉林出版集团股份有限公司，
2024.01.

[3]高晓华，陈小梅，吴晓莉.智能财务共享服务[M].上海：立信会计出版社，
2023.12.

[4]万龙，陈玮，孙佳宁.财务管理创新与实践[M].太原：三晋出版社，2023.03.

[5]张亚妹.企业财务管理与会计实践研究[M].延吉：延边大学出版社，2024.04.

[6]刘春玉，曾笑林，杨蓉.现代企业管理科学研究[M].北京：中国纺织出版社，
2024.01.

[7]蔡智慧，绳朋云，施全艳.现代会计学与财务管理的创新研究[M].北京：中国商
务出版社，2023.01.

[8]朱丰伟，袁雁鸣，安金萍.现代财务会计与企业管理研究[M].北京：中国商务出
版社，2023.05.

[9]张磊只，李红梅，孝立见.大数据背景下现代企业财务管理[M].北京：中国商务
出版社，2023.05.

[10]牛胜芹，冯茜，温凤英.现代财务管理与审计研究[M].北京：中国商业出版
社，2023.11.

[11]田媛媛，李二利，冷素云.现代财务管理及会计实务研究[M].哈尔滨：东北林
业大学出版社，2023.06.

[12]向宇，梁新慧，孙常胜.现代财务管理与风险管控探究[M].北京：现代出版
社，2023.09.

[13]蒋霞，肖建群，李乐.现代财务管理与内部控制实务[M].北京：现代出版社，
2023.12.

[14]赵越.业财一体信息化应用[M].北京：北京理工大学出版社，2023.11.

[15]赵金燕，张立伟，鲁秋玲.现代财务管理与会计管理的信息化发展[M].长春：吉林人民出版社，2022.07.

[16]寇改红，于新茹.现代企业财务管理与创新发展研究[M].长春：吉林人民出版社，2022.05.

[17]李婉丽，雷永欣，闫莉.企业管理会计与财务管理现代化发展[M].北京：中国商务出版社，2022.08.

[18]蔡敏，李淑珍，樊倩.现代企业财务管理与财政税收理论探究[M].长春：吉林科学技术出版社，2022.08.

[19]王莹，李蕊，温毓敏.企业财务管理与现代人力资源服务[M].长春：吉林出版集团股份有限公司，2022.06.

[20]章艳.现代企业财务管理与内部控制研究[M].长春：吉林出版集团股份有限公司，2022.07.

[21]孙一玲，李煦，喻竹.会计信息系统——业财一体化教程[M].上海：立信会计出版社，2023.01.

[22]刘秀艳，王亚楠.会计信息系统应用[M].北京：北京理工大学出版社，2022.09.

[23]陈虎，孙彦丛.财务共享服务[M].沈阳：东北财经大学出版社，2022.09.

[24]陈玲，宋俊骥.智能财税共享服务[M].北京：北京理工大学出版社，2021.09.

[25]张书玲，肖顺松，冯燕梁.现代财务管理与审计[M].天津：天津科学技术出版社，2021.04.

[26]郭艳蕊，李果.现代财务会计与企业管理[M].天津：天津科学技术出版社，2021.04.

[27]杨启浩，张菊，李彩静.现代企业财务管理与管理会计的融合发展[M].长春：吉林科学技术出版社，2021.01.

[28]司美玲.现代财务管理与会计信息化创新[M].昆明：云南人民出版社，2021.10.

[29]赵小雅，周逸怀，李瑞科.现代财务会计与企业管理[M].北京：中国商业出版社，2021.11.

[30]王雁滨，苏巧，陈晓丽.财务管理智能化与内部审计[M].汕头：汕头大学出版社，2021.12.

[31]王珠强，陶克三.业财一体信息化应用[M].北京：北京出版社，2023.06.

[32]张一兰.智能财务时代[M].长春：吉林大学出版社，2020.09.

[33]朱光明.企业财务会计[M].沈阳：东北财经大学出版社，2018.03.

[34]胡娜.现代企业财务管理与金融创新研究[M].长春：吉林人民出版社，2021.

[35]王盛.财务管理信息化研究[M].长春：吉林大学出版社，2020.10.